JIANSHE YOU QUANQIU JINGZHENGLI DE KAIFANG CHUANGXIN SHENGTAI
JIYU RENCAI FUWU JIZHI YANJIU SHIJIAO

建设有全球竞争力的开放创新生态

基于人才服务机制研究视角

主 编 耿 燕 张业倩 李文德

华南理工大学出版社
SOUTH CHINA UNIVERSITY OF TECHNOLOGY PRESS
·广州·

图书在版编目(CIP)数据

建设有全球竞争力的开放创新生态：基于人才服务机制研究视角 / 耿燕，张业倩，李文德主编. -- 广州：华南理工大学出版社，2024.12. -- ISBN 978-7-5623-7980-5

Ⅰ.C962

中国国家版本馆CIP数据核字第2024KH1092号

建设有全球竞争力的开放创新生态——基于人才服务机制研究视角

耿　燕　张业倩　李文德　主编

出 版 人：	房俊东
出版发行：	华南理工大学出版社
	（广州五山华南理工大学17号楼，邮编510640）
	http://hg.cb.scut.edu.cn　E-mail: scutc13@scut.edu.cn
	营销部电话：020-87113487　87111048（传真）
责任编辑：	刘绮雯　邱　燕
责任校对：	龙祈君
印 刷 者：	广州小明数码印刷有限公司
开　　本：	787mm×1092mm　1/16　印张：9.5　字数：165千
版　　次：	2024年12月第1版　印次：2024年12月第1次印刷
定　　价：	68.00元

版权所有　盗版必究　　印装差错　负责调换

编 委 会

顾　问：江洪波　熊　燕
主　编：耿　燕　张业倩　李文德
副主编：吴仕洁　黄莎莎　张　郁　苏莉娜
编　委：伍维维　谢　娇　刘子瑞　李佳琪　江宝章

前　言

当前，开放创新已成为国家层面推动科技进步和经济发展的核心战略之一。人才作为推动开放创新的重要力量，带来了多样化的知识背景、文化视角和创新思维，不仅可以引入新的技术和方法，还能帮助创新主体拓展国际市场，提高全球竞争力。因此，建设具有全球竞争力的开放创新生态离不开人才的积极贡献。本书从人才服务机制研究的角度入手，梳理理论认知、实践探索和发展路径，探讨人才服务机制对建设有全球竞争力的开放创新生态的重要作用。

全书包括四个部分，第一部分为引言，概述了研究的背景与意义，阐明了从人才服务机制视角出发建设开放创新生态的重要性；明确了研究内容，从理论认知、实践探索到发展路径，构建了系统的研究框架；介绍了所采用的研究方法，为深入分析奠定了基础。第二部分为理论认知，阐述了开放创新生态的理论框架，包括概念内涵、构成要素、发展现状、构建挑战和发展趋势；分析了国际人才在开放创新生态中的核心角色，包括其定义、特征和重要性；探讨了深入实施新时代人才强国战略的思想内涵。第三部分为实践探索，分析了开放创新生态中人才流动的现状与趋势，探讨了吸引和留住国际人才的策略；从政策制度和服务管理两个层面，总结了美国、德国、新加坡等典型国家，以及北京、上海、广州、深圳、香港等典型地区的人才服务政策与管理的经验和启示。同时，分析了广东省在人才服务政策和管理方面的实践情况。第四部分为发展路径，围绕三个方面提出建议：一是优化国际人才政策体系，涉及全面实施便利制度、强化政策落实和宣传培训等方面；二是提高人才服务管理水平，涉及完善社保、安居、教育、医疗、金融等方面；三是开展体制机制创新，涉及国际人才吸引、对接、评价、使用、激励、融入等方面。

本书面向所有关注人才服务机制的研究者、决策者以及相关从业人员，旨在为读者提供相关理论支撑和实践指导，为从人才服务机制研究角度推动形成具有全球竞争力的创新生态系统提供有益借鉴。

目　录

1 引　言 ··· 1
　1.1 研究意义 ··· 1
　　1.1.1 理论意义 ··· 1
　　1.1.2 实践意义 ··· 1
　1.2 研究内容 ··· 2
　　1.2.1 理论认知 ··· 2
　　1.2.2 实践探索 ··· 2
　　1.2.3 发展路径 ··· 3
　1.3 研究方法 ··· 3
　　1.3.1 文献分析法 ··· 3
　　1.3.2 案例分析法 ··· 3
　　1.3.3 政策分析法 ··· 4
　　1.3.4 定量与定性结合分析法 ···································· 4
2 理论认知 ··· 5
　2.1 开放创新生态的理论基础 ·· 5
　　2.1.1 开放创新生态的概念内涵 ································ 6
　　2.1.2 开放创新生态的构成要素 ································ 7
　　2.1.3 开放创新生态的发展现状 ································ 8
　　2.1.4 开放创新生态的构建挑战 ································ 9
　　2.1.5 开放创新生态的发展趋势 ······························ 10
　2.2 国际人才的定义与特征 ··· 11
　　2.2.1 国际人才的定义 ··· 11

2.2.2　国际人才的特征 ··· 11
2.3　国际人才对于开放创新生态的重要性 ·· 12
　　2.3.1　开放创新在全球竞争中的地位 ·· 12
　　2.3.2　国际人才对开放创新的推动作用 ······································ 13
　　2.3.3　国际人才对建设具有全球竞争力开放创新生态的影响 ············ 13
2.4　深入实施新时代人才强国战略的思想内涵 ································· 14
　　2.4.1　习近平总书记关于全方位培养引进用好人才的重要论述 ········· 15
　　2.4.2　深刻认识"聚天下英才而用之"战略思想 ···························· 23

3　实践探索 ·· 29
3.1　开放创新生态中的人才流动情况 ··· 29
　　3.1.1　国际人才流动的现状与趋势 ··· 29
　　3.1.2　吸引和留住国际人才的策略 ··· 32
3.2　政策制度层面 ·· 33
　　3.2.1　人才服务政策经验 ·· 33
　　3.2.2　人才服务政策的启示 ··· 90
3.3　服务管理层面 ·· 91
　　3.3.1　人才服务管理经验 ·· 91
　　3.3.2　人才服务管理的启示 ·· 108

4　发展路径 ··· 111
4.1　分类施策，多元化供给，优化国际人才政策体系 ························ 111
　　4.1.1　全面实施人才工作许可、居留、签证、出入境便利制度 ········ 111
　　4.1.2　强化政策落实 ·· 112
　　4.1.3　加大政策宣传力度 ·· 112
　　4.1.4　定期开展人才服务管理工作政策培训 ······························ 113
4.2　需求导向，协同推进，提高人才服务管理水平 ··························· 113

  4.2.1 健全国际人才社会保障体系 …………………………………… 113
  4.2.2 改善国际人才居住条件 …………………………………………… 113
  4.2.3 完善国际人才子女教育服务体系 ………………………………… 114
  4.2.4 落实国际人才医疗保健待遇 ……………………………………… 114
  4.2.5 提升国际人才金融税收服务 ……………………………………… 114
  4.2.6 营造国际化人才融入环境 ………………………………………… 114
 4.3 面向全球，聚焦高端，开展体制机制创新 ………………………………… 115
  4.3.1 扩大国际人才吸引范围 …………………………………………… 115
  4.3.2 提升供求对接质量效率 …………………………………………… 115
  4.3.3 完善国际人才评价机制 …………………………………………… 116
  4.3.4 优化国际人才使用配置 …………………………………………… 116
  4.3.5 加大国际人才激励力度 …………………………………………… 117
  4.3.6 建立国际人才融入机制 …………………………………………… 117
  4.3.7 加强国际人才吸引合力 …………………………………………… 118

附表1 广东省国际人才政策情况调查表 ……………………………………… 119

附表2 广东省国际人才政策访谈提纲 ………………………………………… 123

参考文献 ………………………………………………………………………………… 124

1 引 言

1.1 研究意义

当今世界正经历百年未有之大变局,新一轮科技革命和产业变革深入发展,国际力量对比深刻调整,全球科技创新发展的中长期态势也在发生重大变化[1]。建设有全球竞争力的开放创新生态成为国家层面提升竞争优势的重要战略。在这一背景下,人才作为创新活动的关键参与者,其作用愈发显著。本研究将从人才服务机制的视角,深入探讨理论认知、实践探索和发展路径,旨在全面分析全球竞争力开放创新生态中的人才服务机制,探索其在促进科技创新和产业变革中的关键作用。

1.1.1 理论意义

研究旨在探讨开放创新与人才服务的深入融合情况,丰富学术研究视角。开放创新强调智力资源的共享交流,而人才是国际合作的关键推动力,通过梳理开放创新生态的相关理论,分析国际人才在创新体系中的角色与定位,揭示其在创新网络构建中的重要影响,有助于掌握开放创新与国际人才之间的互动关系。

1.1.2 实践意义

研究旨在探讨开放创新生态中的人才流动情况,依托国际人才流动的现状和趋势,提出吸引和留住国际人才的策略。同时,研究从两个层面开展深入的实践探索。一方面,为制定人才政策制度提供有益参考:通过案例分析,探讨典型国家和地区在人才服务政策方面的成功经验;通过问卷调查,探讨广东省人才服务政策的实际举措。另一方面,为提升人才服务管理水平提供实践经验。在国家实施新时代人才强国战略的背景下,深入探讨如何全面提升人才服务机制,全方位培养、引进、用好人才,将对促进经济和社会发展起到积极作用。

1.2 研究内容

本研究分为三个主要部分，分别为理论认知、实践探索和发展路径。

1.2.1 理论认知

（1）开放创新生态的理论基础

首先，研究开放创新生态的概念内涵，探讨开放创新的历史脉络、发展轨迹和理论基础，分析当前在全球竞争中所面临的趋势与挑战。其次，深入研究开放创新生态的构成要素，包括创新主体、创新资源、创新机制、创新环境、创新平台、国际化因素等各方的互动关系，强调多方协作的重要性。

（2）国际人才的定义与特征

对国际人才进行明确定义，概述其特征，包括高水平专业知识、创新意识、高度社会责任感、国际视野等，探讨这些特征如何促进开放创新。

（3）国际人才对于开放创新生态的重要性

分析开放创新在全球竞争中的地位，研究国际人才在全球竞争中所扮演的角色，分析其如何推动开放创新发展，并探讨国际人才对构建具有全球竞争力的开放创新生态的影响。

（4）新时代人才强国战略的思想内涵

结合习近平总书记关于人才工作的论述，探讨新时代背景下对于人才培养、引进和利用的全方位认识，深入理解"聚天下英才而用之"的战略思想。

1.2.2 实践探索

（1）开放创新生态中的人才流动情况

研究国际人才流动的现状与趋势，通过数据和案例分析，了解当前国际人才的流动状况及其对开放创新的影响。

（2）政策制度层面

探讨不同国家和地区的人才服务政策及其经验，包括广东省的人才服务政策实践，分析其在实践中的成功经验与面临的挑战。

（3）服务管理层面

从服务管理的角度，研究国际人才的服务管理经验，探讨在实际管理中应注意的多样性及综合化需求，提出针对性的改进建议。

1.2.3 发展路径

（1）分类施策，多元化供给，优化国际人才政策体系

针对不同类型人才，提出分类施策的建议，强调人才工作许可、居留、签证等便利制度的全面实施，以更好地优化国际人才引进政策。

（2）需求导向，协同推进，提高人才工作服务管理水平

从服务需求出发，协同各方力量，提出完善国际人才社会保障、改善居住条件等具体措施，提升国际人才的生活与工作体验。

（3）面向全球，聚焦高端，开展体制机制创新

在全球化的背景下，研究如何扩大国际人才引进的范围，提高供求对接质量，优化国际人才使用配置，提出加强激励措施的建议，推动体制机制创新。

1.3 研究方法

本研究采用多种研究方法，力求在理论与实践层面进行深入探讨，主要包括以下几种方法：

1.3.1 文献分析法

梳理国内外关于开放创新与国际人才的相关理论与实践研究，分析其发展脉络与理论框架，为本研究提供理论基础。通过对相关学术文献的分析，厘清当前研究热点和重点，总结已有研究的成果与不足，为本研究的创新性与实用性提供支持。

1.3.2 案例分析法

选择具有代表性的国家和地区（如美国、德国、新加坡等）进行深入的案例分析，归纳总结它们在人才服务政策及管理经验方面的成功成果，通过横向比较研究，为广

东省人才服务政策提供可借鉴的实践指导。

1.3.3 政策分析法

对广东省当前的人才政策进行全面分析,评估其实施效果及实际影响。同时,从政策的可操作性和实施的有效性两方面入手,提出切实可行的优化建议,以实现人才服务机制的精细化和人性化。

1.3.4 定量与定性结合分析法

通过问卷调查,深入了解国际人才的具体需求,以获取定量数据。同时,结合定性访谈,深入挖掘国际人才的真实期望、体验与潜在问题。定量与定性分析相结合的分析法能够全面获取服务管理中的现状与挑战信息,为后续针对性建议的提出提供坚实依据。

通过结合上述研究方法,力图全面了解开放创新生态下人才服务机制的现状与发展路径,为未来的政策制定与服务管理指明方向。这一研究不仅在理论维度上具有学术价值,能够推动在劳动经济学、管理学和人力资源管理等相关学科的进一步延展探讨,同时也为广东省面临的全球人才竞争挑战提供政策参考和实践指导,促进区域经济的全面进步与可持续发展。

2 理论认知

2.1 开放创新生态的理论基础

2024年6月24日,习近平总书记在全国科技大会、国家科学技术奖励大会、两院院士大会上,将"拥有强大的科技治理体系和治理能力,形成世界一流的创新生态和科研环境"列为科技强国必须具备的五个基本要素之一[2]。党的二十大报告指出,"扩大国际科技交流合作,加强国际化科研环境建设,形成具有全球竞争力的开放创新生态"[3]。创新理论因时而变,从线性创新范式到创新生态理论,创新理论实现了单线、逐次渐进到多元、复杂多变的迭代。

创新生态理论认为创新主体的多样性、开放性是系统保持旺盛生命力的重要基础。创新生态系统理论抛弃了集中关注创新要素构成的传统观点,更加关注创新要素之间、系统与环境之间的演进转变,注重自身的可持续性演化,以及所有创新主体对系统环境共同营造的价值观,将创新评价从单一追求科技经济价值的目标域转向科技、社会、经济、生态、文化多维度价值融合[4]。创新环境是创新生态系统的重要基础,决定系统整体效能的发挥,构建和完善创新生态理论离不开一个开放包容的生态环境,良好的创新环境激发和保障创新活动的开展,促进创新资源的有效配置。良好的开放创新生态是推进自主创新、提升创新能力、实现创新驱动发展的必然选择,也是多方主体共同发力、共建共创的必然结果。

开放创新生态由"开放""创新"和"生态"三个关键词构成,其中"开放"和"创新"作为定语,而"生态"是核心概念。"开放"和"创新"对"生态"进行了修饰和限定。"开放"一般指的是对外开放,而在广义含义上,还包括对内开放。"开放"强调在创新过程中的组织边界穿透性能力,意味着组织(如企业、研究机构等)不仅限于内部资源和能力,而是积极地与外部环境进行互动和交换。在开放创新生态中,"开放"意味着对外部知识、技术、信息和资源的接纳,通过合作、联盟、市场交易等多种方式与外部实体建立联系。"创新"则涉及创造新事物或革新，以新见解为导向，旨在满足社会需求等而进行改进或创造[5]。

目前，关于开放创新生态的理论研究主要集中在企业、产业、区域和国家层面的开放特性，重点解析各主体和要素在复杂内外环境下的协同机制与运行模式[6]。然而，现有研究往往没有从更宏观的全球视角考察创新生态系统的开放进程，尤其是"全球竞争力"这一关键要素没有被纳入研究框架。因此，对开放创新生态趋势的分析仍需进一步深化。本书将基于开放创新生态的概念和构成要素，探讨在全球变局下具备竞争力的开放创新生态系统的发展趋势。

2.1.1 开放创新生态的概念内涵

许多学者对开放创新生态进行了深入研究，探讨其核心概念及作用。West等[7]认为开放创新生态是一个结合开放理念与生态学视角的概念，它强调核心创新主体在价值网络中的关键角色。这些主体能够整合和协调各种内外部资源，通过协同与共享等方式，满足其他创新主体对创新资源的需求。解学梅[8]等将开放创新生态系统定义为一个动态的、有机平衡的生态系统，旨在应对创新环境的变化并实现价值共创。该系统涉及多个创新主体，通过跨组织的物质、知识和信息流动，促进共享资源、信息，以及共同承担责任和风险。开放创新过程中，各主体通过竞合共生和协同演化，实现彼此之间的联结与传导。

还有学者对开放创新生态的构成主体进行了研究，认为开放创新生态的参与者相当多样化。Adner[9]认为开放创新生态是一种合作安排，需要多个互补性伙伴进行协调和配合。Estrin[10]认为开放创新生态的可持续性取决于研究、开发和应用三个群落之间实现健康平衡，研究群落以长远的眼光发现新知和观念，开发群落推动产品和服务的生产与交付，应用群落把这些技术进步散布到全世界。

结合过往学者的研究结论，本书认为开放创新生态是一种强调开放、协作和创新的科技创新环境，旨在促进知识、技术和资源的自由流动，激发创新活力，提升科技创新能力。它以开放创新的理念为基础，倡导打破传统封闭的创新模式，通过内外资源的整合和跨界合作，实现创新要素的优化配置和协同效应。

准确理解具有全球竞争力的开放创新生态的概念内涵，需要重点把握以下几个方面：一是目标在于实现高水平科技自立自强，切实为经济高质量发展提供强大动力；二是重点要坚持高水平对外开放，为我国实施更大范围、更宽领域、更深层次的对外开放服务；三是关键在于构建安全可控的科技创新环境，增强科研创新生态的韧性和灵活性；四是核心在于提升科技创新高度、先进性与全球引领力[11]。通过准确地把握开放创新生态的基本内涵，深刻理解开放创新生态的重要意义，努力营造具有全球竞争力的开放创新生态，实现吸引和聚集国际人才，推动科技创新。

由此可见，开放创新生态不仅仅是一个物理空间或组织结构，更是一种理念和机制，强调开放、协作、创新和安全可控。它旨在吸引和聚集全球顶尖人才，整合国内外创新资源，激发创新活力，提升科技创新能力，最终实现科技自立自强和经济高质量发展。

2.1.2 开放创新生态的构成要素

很多学者对开放创新生态的构建要素有不同见解，这些观点不仅反映了各自的研究背景和领域差异，也揭示了开放创新生态在实践中的多样性和复杂性。张震宇等[12]的研究强调了人力、财力、资产、技术和信息的重要性。而Fransman[13]指出，产业体系、硬件、软件、创新型人才以及外部环境是形成产业创新生态的五个关键要素。同时，Fukuda等[14]通过开展比较分析，认为资金、人才和环境等要素在创新生态系统中同样不可或缺。

习近平总书记指出，"科学技术具有世界性、时代性"，强调要构建开放创新生态，参与全球科技治理。随着世界上开放式创新范式和创新生态系统的融合发展，创新生态系统的发展已然呈现出开放性的明显特征。创新生态是一个复杂网络结构，通过组织间的网络协作，整合人力、技术、信息、资本等创新要素或创新资源，构建价值共创和利益共享的创新网络关系。它具有开放包容性、多样共生性、交互耦合性和动态平衡性等特征。

创新主体是开放创新生态的核心，包括企业、高校、科研机构、政府机构等，它们通过组织间的网络协作，共同推动创新活动的开展。企业作为市场活动的直接参与者，是创新成果转化的重要载体；高校和科研机构提供知识和技术支持，是创新生态的知识源泉；政府机构则通过政策引导和资金支持，为创新生态提供良好的发展环境。

创新资源是生态运行的基础，涵盖了人力、技术、信息、资本等多个方面。人才资源是创新活动的关键，包括科研人员、工程师、企业家等；技术资源是创新的核心，包括专利、技术秘密等；信息资源为创新提供知识支撑，包括科技论文、市场动态；资本资源则为创新活动提供资金保障，包括风险投资、政府资金等。

创新机制是维持生态平衡的纽带，包括合作机制、知识产权保护机制、成果转化机制等。合作机制促进不同创新主体之间的资源共享和优势互补；知识产权保护机制确保创新成果得到合理运用和保护；成果转化机制则将科研成果转化为实际生产力。

创新环境是生态发展的土壤，包括政策环境、市场环境和文化环境。官方制定的政策为创新活动提供指导和激励；市场通过目标需求引导创新方向；文化环境则通过培育创新精神和氛围，促进生态的可持续发展。

创新平台作为生态中的节点，为创新活动提供支撑，如技术交易平台、孵化平台、信息共享平台等，促进创新要素高效流通和配置。

同时，开放创新生态还强调国际化因素，通过国际交流与合作，以及接入国际市场，拓宽创新网络的边界，增强生态的国际竞争力。

综上所述，开放创新生态以其开放包容性、多样共生性、交互耦合性和动态平衡性等特征，构建了一个价值共创和利益共享的创新网络关系。

2.1.3 开放创新生态的发展现状

在全球化的浪潮中，建设具有全球竞争力的开放创新生态已成为各国共同追求的发展目标，这一目标反映了国际社会对科技创新的高度重视。

一是全球科技资源整合加速，成为推动开放创新生态建设的强大动力。在国际合作的背景下，各国通过跨国技术转移、人才交流以及联合研发项目，实现了科技资源的全球优化配置。例如，2024年3月20日，欧盟委员会[15]发布"地平线欧洲"的第二份战略规划（2025—2027年），提出"地平线欧洲"2025—2027年研发活动的3个关键战略方向（绿色转型，数字化转型，建设更具韧性、竞争力、包容性和民主的欧洲）；确定新的"欧盟包豪斯计划"（NEP）；确定了9个新的共同规划和资助的欧洲伙伴关系；概述了"地平线欧洲"的国际合作方法，强调在确保研究安全的同时，开放性的重要性。

二是创新驱动发展战略成为全球共识，各国纷纷将科技创新置于国家发展的核心位置。例如，2024年2月，美国国家科学技术委员会（NSTC）[16]发布了最新版的《关键和新兴技术（CETs）清单》。该清单基于2020年发布的《关键和新兴技术国家战略》，每两年对"关键和新兴技术"进行更新。清单反映了美国政府对未来重要和迫切需求技术的洞察与判断，为技术发展的优先顺序提供了重要信息，旨在帮助美国在全球科技战略竞争中占据关键优势。

三是科技创新集群效应在全球范围内日益凸显，成为推动区域乃至全球创新和发展的重要力量。硅谷、班加罗尔、中关村等科技园区作为创新集群的典范，吸引了大量创新资源，形成了强大的协同效应。例如，2024中关村论坛年会开幕式[17]上发布的《中关村世界领先科技园区建设方案（2024—2027年）》，为中关村指明了新的目标——由过去的"加快建设"世界领先科技园区变为"全面建成"世界领先科技园区。当前，中关村科技园区涵盖了1.7万家国家高新技术企业、400余家上市公司、85家"独角兽"企业、11家营收超千亿元企业。创新集群不仅孵化了众多高成长性企业，也吸引了全球顶尖人才，成为推动科技进步和经济增长的重要引擎。

2.1.4 开放创新生态的构建挑战

一是国际形势错综复杂。国际科技竞争的加剧使得各国在关键核心技术、高端人才和创新平台等方面的争夺愈发激烈，科技脱钩主义给全球范围内的开放创新生态带来了严峻的挑战。尽管全球化依旧是科技发展的主流方向，但发达经济体推行的单边科技脱钩策略对这一进程产生了显著干扰。从技术演化的角度来看，单一国家或特定国家联盟在创新资源和能力方面设置壁垒，这阻碍了关键与新兴技术的快速突破。此外，从技术扩散角度看，开放创新生态的有限开放性会减慢科学技术在不同区域之间的传播速度，进而影响创新收益的回流，阻碍进一步的技术投资。

二是资产回归和投资调整。技术生产的回归与脱钩正在重塑全球的开放创新生态。中美科技博弈促使发达国家通过政策措施推动制造业回流，增强自身的制造和研发能力。这一趋势不仅促使制造设备、算法等硬资产的回归，还限制了其他国家对大型科学仪器和基础设施的获取。此外，国际投资活动受到了更严格的限制和审查。发达国家一方面对外国科技企业在本国的投资保持警惕,加强外资监管;另一方面,通过产业政策和税收优惠措施控制本国企业的对外投资行为,迫使它们重新评估海外投资项目,以减少不必要的审查风险。

三是技术与人才流动的限制。技术合作正因为国别考虑而受到更多限制。各国基于国家安全和经济发展需求,一般将技术分为关键核心技术和一般技术,对于具有高敏感性和经济成长性的关键核心技术,各国将优先与利益共同体的国家合作。同时,各国在科技人才交流与合作方面将更加重视本国高科技人才的培养和再培训,并努力吸引国际高技能人才以填补关键产业人才空缺。某些发达国家会采取加强出入境审查、减少研究交流签证等更加严格的科技风险控制措施,以防止人才流动导致的技术外泄风险[18]。

2.1.5 开放创新生态的发展趋势

一是不断强化顶层设计。中国将逐步明确在国际科技合作中的定位,重新定义其角色和功能。利用大经济体对小经济体的吸引力,推动全球创新合作。提升在全球科技创新治理中的能力,加强与发展中国家的技术扩散与扶贫合作,同时与发达国家共同应对全球性挑战,实现全球化治理从被动适应到主动推进的转变[19]。

二是突破关键核心技术与拓展国际合作。一方面实现国内创新驱动,依托国家战略科技力量,建立新型创新体制,完善支持技术突破的政策体系,包括科技金融、人才培育与评价机制,以实现技术自立自强。另一方面实现国际协同发展,积极寻求与新兴经济体的多层次合作,形成对发达国家的非对称竞争优势,加强国际合作的影响力,共同营造健康的全球创新生态。

三是培养人才与优化创新环境。人才培养体系方面,建立从战略科学家到高素质技能人才的多层次培养体系,注重长远发展与短期需求的结合,通过移民政策吸引高水平国际人才。国际创新环境建设方面,积极开放科技基础设施和创新园区,吸引外国企业投资合作,实现创新资源的优化配置。

2.2 国际人才的定义与特征

2.2.1 国际人才的定义

在当今全球经济一体化和科技迅速发展的背景下，人才已成为推动国家和地区发展的核心资源。我国在追求高质量发展和构建开放创新生态的过程中，迫切需要吸引和集聚全球范围内的优秀人才，特别是国际人才。然而，对于"国际人才"这一概念，学界尚无统一的认识，但多位学者对国际人才的定义各有侧重点。

《国家中长期人才发展规划纲要（2010—2020年）》中将人才定义为具有专业知识或专门技能，能够进行创造性劳动并对社会作出贡献的较高能力和素质的劳动者。在此基础上，不同学者对国际人才的理解进行了不同阐述。王通讯[20]认为，国际人才是指能在国际空间施展才华、发挥作用的人才；黄湘闽[21]则强调国际人才应具备国际道德与职业操守，掌握专业知识或技能，熟悉国际规则，能够在跨文化环境中创造性地工作，并为社会和人类文明建设作出贡献；魏华颖[22]提出国际人才应具有国际化视野和知识能力，能够不断更新自身技能以适应经济全球化的需求；寸守栋等[23]从全球化和移动互联时代的角度出发，将国际人才定义为以知识、技能和经验为主要手段，为其他国家或区域提供产品和服务的高层次人才；杜静[24]认为国际人才不仅应具备一般国际人才的特征，还应符合特定区域的发展需求，能够为产业发展提供策略建议，并根据区域人才需求的变化不断提升自身能力。

综合来看，本书将国际人才定义为：掌握专业知识或技能，能够在全球范围内进行创造性劳动，为不同国家和地区的社会发展、科技进步和文明建设作出贡献的高层次人才。这类人才不仅包括在国外学习和工作后归国的华人华侨，也包括在我国工作和学习的外国专家，以及通过国际科技合作参与全球科技创新的各类人才。

2.2.2 国际人才的特征

国际人才掌握高水平的专业知识或技能，能够在相关领域发挥重要作用。他们通过国际科技合作项目，提升自身的科研水平，并将国际先进的科研方法和理念引入国内。这些人才在跨文化背景下工作，为不同国家和地区的发展作出贡献。例如，约翰·霍普克罗夫特教授与上海交通大学合作，推动计算机科学领域的教学改革和学科建设，培养了一批中国计算机科学界的新兴人才，并通过国际科技合作项目提升了中国的国际科技影响力[25]。

国际人才具备较强的创新意识和能力，能够在全球范围内进行创造性劳动。例如，许多海外归国创业者在国内外市场取得了显著成果，推动了我国新兴产业的发展。他们通过引入国际前沿的科技理念和技术，为我国的科技创新提供了新的动力。

国际人才具有高度的社会责任感，为不同国家或地区的社会发展、科技进步和文明建设作出积极贡献。他们积极参与国际援助项目、公益活动等，坚持国际公平正义，不扭曲事实。这些人才通过自己的行动，打破偏见和壁垒，促进了全球范围内的合作与发展，积极为国际事业贡献力量。

国际人才主动了解和探索其他国家，具备宽广的国际视野。他们主动地通过参与国际项目，积累跨国合作经验，将国际前沿的科技理念和技术引入本国。这种国际视野使得国际人才能够在全球化的背景下，为中国的发展提供多元化的视角和策略。

2.3 国际人才对于开放创新生态的重要性

2.3.1 开放创新在全球竞争中的地位

在当今全球化时代，开放创新已成为国家层面推动科技进步和经济发展的核心战略之一。传统的封闭式创新模式因其资源局限和信息不对称，难以满足现代社会快速变化的需求。开放创新则通过跨国界的合作和资源共享，突破了这些局限，成为国家提升全球竞争力的重要途径。国家层面的开放创新不仅体现在企业之间的合作上，还包括政府间的科技合作与政策协调。例如，在"一带一路"倡议下，中国与相关国家在科技领域开展了广泛合作，通过共建实验室、联合研发项目等方式，实现了技术与知识的共享[26]。这种国家间的合作不仅提升了各国的科技创新能力，还促进了区域经济的一体化和共同发展。

2.3.2 国际人才对开放创新的推动作用

国际人才是推动开放创新的重要力量。国际人才带来了多样化的知识背景、文化视角和创新思维,这些都是促进创新的重要因素。国际人才不仅能够引入新的技术和方法,还能够帮助创新主体拓展国际市场,提高全球竞争力。

一是国际人才可以丰富企业的知识储备和技术能力。开放创新依赖于多样化的知识来源,而国际人才正是这种多样化的重要组成部分。例如,通过引入国际顶尖科研人员,成功地在人工智能、生物技术等前沿领域取得突破性进展。

二是国际人才能够促进文化多样性,增强团队的创造力和创新能力。不同文化背景的人才在思维方式和解决问题的角度上往往有显著差异,这种多样性可以激发更多的创新想法和解决方案。例如,通过吸引全球各地的顶尖人才,形成多元文化的工作环境,从而在技术创新和产品开发方面始终保持领先。

三是国际人才能够帮助企业建立和维护全球合作网络。开放创新需要广泛的合作伙伴,而国际人才往往拥有广泛的人脉资源和合作经验,能够为创新主体搭建起国际合作的桥梁。例如,通过其全球化的人才战略,与世界各地的大学和科研机构建立紧密的合作关系,从而不断推动技术创新和市场拓展。

2.3.3 国际人才对建设具有全球竞争力开放创新生态的影响

建设具有全球竞争力的开放创新生态离不开国际人才的参与和贡献。国际人才不仅能够直接推动技术创新,还能够通过引领和管理创新过程,提升整体创新生态系统的竞争力和可持续性。

国际人才在创新生态系统中扮演着关键的领导角色。通过引入具有全球视野和丰富经验的国际人才,可以为创新生态系统注入新的思维和管理模式,提升其整体创新能力。例如,美国硅谷作为全球著名的创新中心,吸引了大量来自世界各地的顶尖人才,这些人才不仅在技术研发方面贡献卓著,还在企业管理和战略制定方面发挥了重要作用[27]。

国际人才能够促进知识的跨国界流动和共享。开放创新依赖于广泛的知识交流和合作,而国际人才正是这种交流的桥梁。通过国际人才的引入,可以将国外的先进技术和成功经验带入本地,从而加速创新过程。例如,中国近年来吸引的大量海外高层次人才不仅带来了先进的技术和理念,还推动了国内创新生态的国际化发展[28]。

国际人才还能够帮助建立和完善创新生态系统的制度和政策环境。开放创新需要良好的制度保障和政策支持,而国际人才往往在全球范围内拥有丰富的政策经验和管理能力,能够为创新生态系统的建设提供宝贵的建议和支持。例如,新加坡通过引进国际人才,借鉴国外先进的创新政策和管理模式,成功地打造了具有全球竞争力的创新生态系统,吸引了大量跨国公司和初创企业的入驻[29]。

综上所述,国际人才对于开放创新生态的建设具有重要意义。他们不仅能够直接推动技术创新,还能够通过领导和管理创新过程,提升整体创新生态系统的竞争力和可持续性。因此,各国和企业应积极引进和培养国际人才,为建设具有全球竞争力的开放创新生态贡献力量。

2.4 深入实施新时代人才强国战略的思想内涵

新时代人才强国战略的思想内涵深刻体现了国家发展对人才资源的战略重视。该战略以习近平新时代中国特色社会主义思想为指导,强调党对人才工作的集中统一领导,确立人才引领发展的战略地位,旨在通过全方位的培养、引进、使用和激励,构建一个开放、包容、创新的人才发展环境。党的十八大以来,党中央作出人才是实现民族振兴、赢得国际竞争主动的战略资源的重大判断,深刻回答了为什么建设人才强国、什么是人才强国、怎样建设人才强国的重大理论和实践问题,提出了一系列新理念新战略新举措。一是坚持党对人才工作的全面领导,二是坚持人才引领发展的战略地位,三是坚持面向世界科技前沿、面向经济主战场、面向国家重大需求、面向人民生命健康,四是坚持全方位培养用好人才,五是坚持深化人才发展体制机制改革,六是坚持聚天下英才而用之,七是坚持营造识才爱才敬才用才的环境,八是坚持弘扬科学家精神。以上八条,是对中国人才事业发展规律性认识的深化,要始终坚持并不断丰富发展。

2.4.1 习近平总书记关于全方位培养引进用好人才的重要论述

走创新发展之路,首先要重视集聚创新人才。要充分发挥好现有人才作用,同时敞开大门,招四方之才,招国际上的人才,择天下英才而用之。各级党委和政府要积极探索集聚人才、发挥人才作用的体制机制,完善相关政策,进一步创造人尽其才的政策环境,充分发挥优秀人才的主观能动性。

习近平在广东考察工作时的讲话[30]

(2012年12月7日至11日)

推进自主创新,人才是关键。没有强大人才队伍作后盾,自主创新就是无源之水、无本之木。要广纳人才,开发利用好国际国内两种人才资源,完善人才引进政策体系。

习近平在参加全国政协十二届一次会议科协、科技界委员联组讨论时的讲话[31]

(2013年3月4日)

要坚持自主创新、重点跨越、支撑发展、引领未来的方针,以全球视野谋划和推动创新,改善人才发展环境,努力实现优势领域、关键技术的重大突破,尽快形成一批带动产业发展的核心技术。

习近平在参加十二届全国人大一次会议上海代表团审议时的讲话[32]

(2013年3月5日)

"千军易得,一将难求。"要大力造就世界水平的科学家、科技领军人才、卓越工程师、高水平创新团队。

习近平在十八届中央政治局第九次集体学习时的讲话[33]

(2013年9月30日)

不拒众流,方为江海。当今世界,经济全球化、信息社会化所带来的商品流、信息流、技术流、人才流、文化流,如长江之水,挡也挡不住。一个国家对外开放,必须首先推进人的对外开放,特别是人才的对外开放。如果人思想禁锢、心胸封闭,那就不可能有真正的对外开放。因此,对外开放要着眼于人、着力于人,推动人们在眼界上、思想上、知识上、技术上走向开放,通过学习和应用世界先进知识和技术,进而不断把整个对外开放提高到新的水平。

现在，我们比历史上任何时期都更需要广开进贤之路、广纳天下英才。要实行更加开放的人才政策，不唯地域引进人才，不求所有开发人才，不拘一格用好人才，在大力培养国内创新人才的同时，更加积极主动地引进国外人才特别是高层次人才，热忱欢迎外国专家和优秀人才以各种方式参与中国现代化建设。要积极营造尊重、关心、支持国际人才创新创业的良好氛围，对他们充分信任、放手使用，让各类人才各得其所，让各路高贤大展其长。

外国专家主管部门要继续完善国际人才引进体制机制，切实保护知识产权，保障国际人才合法权益，对作出突出贡献的国际人才给予表彰奖励，让有志于来华发展的国际人才来得了、待得住、用得好、流得动。要遵循国际人才流动规律，更好发挥企业、高校、科研机构等用人单位的主体作用，使国际人才的专长和中国发展的需要紧密契合，为外国专家施展才能、实现事业梦想提供更加广阔的舞台。

习近平在上海召开外国专家座谈会上的讲话[34]

（2014年5月22日）

没有人才优势，就不可能有创新优势、科技优势、产业优势。培养集聚人才，要有识才的眼光、用才的胆识、容才的雅量、聚才的良方，健全集聚人才、发挥人才作用的体制机制，创造人尽其才的政策环境。要发挥好现有人才作用，同时揽四方之才，择天下英才而用之。要加强科研院所和高等院校创新条件建设，完善知识产权运用和保护机制，激发科研人员创新活力，让各类人才的创新智慧竞相迸发。

习近平在上海考察时的讲话[35]

（2014年5月23日至24日）

我国是一个人力资源大国，也是一个智力资源大国，我国十三亿多人大脑中蕴藏的智慧资源是最可宝贵的。知识就是力量，人才就是未来。我国要在科技创新方面走在世界前列，必须在创新实践中发现人才、在创新活动中培育人才、在创新事业中凝聚人才，必须大力培养造就规模宏大、结构合理、素质优良的创新型科技人才。

"一年之计，莫如树谷；十年之计，莫如树木；终身之计，莫如树人。"我们要把人才资源开发放在科技创新最优先的位置，改革人才培养、引进、使用等机制，努力造就一批世界水平的科学家、科技领军人才、工程师和高水平创新团队，注重培养一线创新人才和青年科技人才。

习近平在中国科学院第十七次院士大会、中国工程院第十二次院士大会上的讲话[36]

（2014年6月9日）

我们积极发展广纳群贤、充满活力的选人用人机制，广泛把各方面优秀人才集聚到党和国家各项事业中来。

习近平在庆祝全国人民代表大会成立60周年大会上的讲话[37]

（2014年9月5日）

要深化科技体制改革，推进人才发展体制和政策创新，突出"高精尖缺"导向，实施更开放的创新人才引进政策，聚天下英才而用之。

习近平在省部级主要领导干部学习贯彻党的十八届五中全会精神专题研讨班上的讲话[38]

（2016年1月18日）

在人才选拔上要有全球视野，下大气力引进高端人才。随着我国综合国力不断增强，有很多国家的人才也希望来我国发展。我们要顺势而为，改革人才引进各项配套制度，构建具有全球竞争力的人才制度体系。不管是哪个国家、哪个地区的，只要是优秀人才，都可以为我所用。

习近平在网络安全和信息化工作座谈会上的讲话[39]

（2016年4月19日）

办好中国的事情，关键在党，关键在人，关键在人才。综合国力竞争说到底是人才竞争。要加大改革落实工作力度，把《关于深化人才发展体制机制改革的意见》落到实处，加快构建具有全球竞争力的人才制度体系，聚天下英才而用之。要着力破除体制机制障碍，向用人主体放权，为人才松绑，让人才创新创造活力充分迸发，使各方面人才各得其所、尽展其长。要树立强烈的人才意识，做好团结、引领、服务工作，真诚关心人才、爱护人才、成就人才，激励广大人才为实现"两个一百年"奋斗目标、实现中华民族伟大复兴的中国梦贡献聪明才智。

习近平在学习贯彻《关于深化人才发展体制机制改革的意见》座谈会上的讲话[40]

（2016年5月6日）

科技人才培育和成长有其规律，要大兴识才爱才敬才用才之风，为科技人才发展提供良好环境,在创新实践中发现人才、在创新活动中培育人才、在创新事业中凝聚人才,聚天下英才而用之,让更多千里马竞相奔腾。要改革人才培养、引进、使用等机制,努力造就一大批能够把握世界科技大势、研判科技发展方向的战略科技人才,培养一大批善于凝聚力量、统筹协调的科技领军人才,培养一大批勇于创新、善于创新的企业家和高技能人才。

习近平在全国科技创新大会、两院院士大会、中国科协第九次全国代表大会上的讲话[41]

(2016年5月30日)

"功以才成,业由才广。"党和人民事业要不断发展,就要把各方面人才更好使用起来,聚天下英才而用之。我们要以识才的慧眼、爱才的诚意、用才的胆识、容才的雅量、聚才的良方,广开进贤之路,把党内和党外、国内和国外等各方面优秀人才吸引过来、凝聚起来,努力形成人人渴望成才、人人努力成才、人人皆可成才、人人尽展其才的良好局面。

习近平在庆祝中国共产党成立95周年大会上的讲话[42]

(2016年7月1日)

要以识才的慧眼、爱才的诚意、用才的胆识、容才的雅量、聚才的良方,广开进贤之路,把各方面知识分子凝聚起来,聚天下英才而用之。

习近平在看望参加全国政协十二届五次会议的民进、农工党、九三学社委员时的讲话[43]

(2017年3月4日)

人才是实现民族振兴、赢得国际竞争主动的战略资源。要坚持党管人才原则,聚天下英才而用之,加快建设人才强国。实行更加积极、更加开放、更加有效的人才政策,以识才的慧眼、爱才的诚意、用才的胆识、容才的雅量、聚才的良方,把党内和党外、国内和国外各方面优秀人才集聚到党和人民的伟大奋斗中来,鼓励引导人才向边远贫困地区、边疆民族地区、革命老区和基层一线流动,努力形成人人渴望成才、人人努力成才、人人皆可成才、人人尽展其才的良好局面,让各类人才的创造活力竞相迸发、聪明才智充分涌流。

习近平在中国共产党第十九次全国代表大会上的报告[44]

(2017年10月18日)

要培养造就一大批具有国际水平的战略科技人才、科技领军人才、青年科技人才和高水平创新团队，力争实现前瞻性基础研究、引领性原创成果的重大突破。

习近平在北京大学师生座谈会上的讲话[45]

（2018年5月2日）

我们坚持创新驱动实质是人才驱动，强调人才是创新的第一资源，不断改善人才发展环境、激发人才创造活力，大力培养造就一大批具有全球视野和国际水平的战略科技人才、科技领军人才、青年科技人才和高水平创新团队。

创新之道，唯在得人。得人之要，必广其途以储之。要营造良好创新环境，加快形成有利于人才成长的培养机制、有利于人尽其才的使用机制、有利于竞相成长各展其能的激励机制、有利于各类人才脱颖而出的竞争机制，培植好人才成长的沃土，让人才根系更加发达，一茬接一茬茁壮成长。要尊重人才成长规律，解决人才队伍结构性矛盾，构建完备的人才梯次结构，培养造就一大批具有国际水平的战略科技人才、科技领军人才、青年科技人才和创新团队。要加强人才投入，优化人才政策，营造有利于创新创业的政策环境，构建有效的引才用才机制，形成天下英才聚神州、万类霜天竞自由的创新局面！

习近平在中国科学院第十九次院士大会、中国工程院第十四次院士大会上的讲话[46]

（2018年5月28日）

要加强人才队伍建设，以更大的决心、更有力的措施，打造多种形式的高层次人才培养平台，加强后备人才培养力度，为科技和产业发展提供更加充分的人才支撑。

习近平在十九届中央政治局第九次集体学习时的讲话[47]

（2018年10月31日）

要加强人才队伍建设，建立完善人才培养体系，打造多种形式的高层次人才培养平台，培育一批领军人物和高水平创新团队。

习近平在十九届中央政治局第十八次集体学习时的讲话[48]

（2019年10月24日）

要深化人才发展体制机制改革，破除人才引进、培养、使用、评价、流动、激励等方面的体制机制障碍，实行更加积极、更加开放、更加有效的人才政策，形成具有吸引力和国际竞争力的人才制度体系，努力聚天下英才而用之。

习近平在中共中央政治局第二十一次集体学习时的讲话[49]

（2020年6月29日）

要大力培养和引进国际一流人才和科研团队，加大科研单位改革力度，最大限度调动科研人员的积极性，提高科技产出效率。要坚持开放创新，加强国际科技交流合作。

习近平在经济社会领域专家座谈会上的讲话[50]

（2020年8月24日）

要尊重人才成长规律和科研活动自身规律，培养造就一批具有国际水平的战略科技人才、科技领军人才、创新团队。要高度重视青年科技人才成长，使他们成为科技创新主力军。要面向世界汇聚一流人才，吸引海外高端人才，为海外科学家在华工作提供具有国际竞争力和吸引力的环境条件。

习近平在科学家座谈会上的讲话[51]

（2020年9月11日）

要实施更加开放的人才政策，引进培养一批具有国际水平的战略科技人才、科技领军人才、青年科技人才和高水平创新团队，聚天下英才而用之。

习近平在深圳经济特区建立40周年庆祝大会上的讲话[52]

（2020年10月14日）

要充分激发人才创新活力，全方位培养、引进、用好人才，造就更多国际一流的科技领军人才和创新团队，培养具有国际竞争力的青年科技人才后备军。

习近平在党的十九届五中全会第二次全体会议上的讲话[53]

（2020年10月29日）

要率先实行更加开放更加便利的人才引进政策，积极引进高层次人才、拔尖人才和团队特别是青年才俊。

习近平在浦东开发开放30周年庆祝大会上的讲话[54]

（2020年11月12日）

培养创新型人才是国家、民族长远发展的大计。当今世界的竞争说到底是人才竞争、教育竞争。要更加重视人才自主培养，更加重视科学精神、创新能力、批判性思维的培养培育。要更加重视青年人才培养，努力造就一批具有世界影响力的顶尖科技人才，稳定支持一批创新团队，培养更多高素质技术技能人才、能工巧匠、大国工匠。我国教育是能够培养出大师来的，我们要有这个自信！要在全社会营造尊重劳动、尊重知识、尊重人才、尊重创造的环境，形成崇尚科学的风尚，让更多的青少年心怀科学梦想、树立创新志向。"栽下梧桐树，引来金凤凰。"要构筑集聚全球优秀人才的科研创新高地，完善高端人才、专业人才来华工作、科研、交流的政策。

习近平在中国科学院第二十次院士大会、中国工程院第十五次院士大会和中国科协第十次全国代表大会上的讲话[55]

（2021年5月28日）

一是坚持党对人才工作的全面领导，二是坚持人才引领发展的战略地位，三是坚持面向世界科技前沿、面向经济主战场、面向国家重大需求、面向人民生命健康，四是坚持全方位培养用好人才，五是坚持深化人才发展体制机制改革，六是坚持聚天下英才而用之，七是坚持营造识才爱才敬才用才的环境，八是坚持弘扬科学家精神。

习近平在中央人才工作会议上的讲话[56]

（2021年9月27日）

培养造就大批德才兼备的高素质人才，是国家和民族长远发展大计。功以才成，业由才广。坚持党管人才原则，坚持尊重劳动、尊重知识、尊重人才、尊重创造，实施更加积极、更加开放、更加有效的人才政策，引导广大人才爱党报国、敬业奉献、服务人民。完善人才战略布局，坚持各方面人才一起抓，建设规模宏大、结构合理、素质优良的人才队伍。加快建设世界重要人才中心和创新高地，促进人才区域合理布局和协调发展，着力形成人才国际竞争的比较优势。加快建设国家战略人才力量，努力培养造就更多大师、战略科学家、一流科技领军人才和创新团队、青年科技人才、卓越工程师、大国工匠、高技能人才。加强人才国际交流，用好用活各类人才。深化人才发展体制机制改革，真心爱才、悉心育才、倾心引才、精心用才，求贤若渴，不拘一格，把各方面优秀人才集聚到党和人民事业中来。

习近平在中国共产党第二十次全国代表大会上的报告[57]

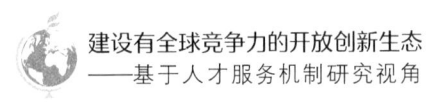

建设有全球竞争力的开放创新生态
——基于人才服务机制研究视角

（2022年10月16日）

要强化企业主体地位，推进创新链产业链资金链人才链深度融合，不断提高科技成果转化和产业化水平，打造具有全球影响力的产业科技创新中心。要推进粤港澳大湾区人才高地建设，形成高端科创人才聚集效应。

习近平在广东考察时的讲话[58]

（2023年4月10日至13日）

要加强国际化科研环境建设，瞄准科研人员的现实关切，着力解决突出问题，确保人才引进来、留得住、用得好。要不断健全科技安全制度和风险防范机制，在开放环境中筑牢安全底线。

习近平在中央全面深化改革委员会第五次会议上的讲话[59]

（2024年6月11日）

要深化教育科技人才体制机制一体改革，完善科教协同育人机制，加快培养造就一支规模宏大、结构合理、素质优良的创新型人才队伍。优化高等学校学科设置，创新人才培养模式，提高人才自主培养水平和质量。加快建设国家战略人才力量，着力培养造就卓越工程师、大国工匠、高技能人才。要实行更加积极、更加开放、更加有效的人才政策，加快形成具有国际竞争力的人才制度体系，构筑汇聚全球智慧资源的创新高地。加强青年科技人才培养，大力弘扬科学家精神，激励广大科研人员志存高远、爱国奉献、矢志创新。

习近平在全国科技大会 国家科学技术奖励大会 两院院士大会上的讲话[60]

（2024年6月24日）

统筹推进教育科技人才体制机制一体改革，强调深化教育综合改革、深化科技体制改革、深化人才发展体制机制改革，提升国家创新体系整体效能。在人才发展体制机制改革方面，加快建设国家战略人才力量，提高各类人才素质；完善青年创新人才发现、选拔、培养机制，更好保障青年科技人员待遇；强化人才激励机制，坚持向用人主体授权、为人才松绑；完善海外引进人才支持保障机制。

习近平在中国共产党第二十届中央委员会第三次全体会议上的讲话[61]

（2024年7月18日）

2.4.2 深刻认识"聚天下英才而用之"战略思想

习近平总书记在党的二十大报告中强调，教育、科技、人才是全面建设社会主义现代化国家的基础性、战略性支撑。必须坚持科技是第一生产力、人才是第一资源、创新是第一动力，深入实施科教兴国战略、人才强国战略、创新驱动发展战略，开辟发展新领域新赛道，不断塑造发展新动能新优势。要坚持教育优先发展、科技自立自强、人才引领驱动，加快建设教育强国、科技强国、人才强国，坚持为党育人、为国育才，全面提高人才自主培养质量，着力造就拔尖创新人才，聚天下英才而用之。

引进用好国际人才是我国人才工作的重要组成部分，是党和国家长期坚持的重要战略方针。聚天下英才而用之战略思想，是习近平总书记在过去长期的实践中孕育又在党的十八大以来治国理政实践中进一步升华的思想，集中展现了习近平总书记马克思主义政治家、思想家、理论家、战略家的雄才大略、远见卓识与坚定信念，深刻阐明了新时代引进国际人才和智力工作的重大理论和实践问题，科学回答了为什么要引进国际人才、引进什么样的国际人才、如何引进国际人才等重大问题，形成了内涵丰富、思想深刻、体系完整的理论体系，是习近平新时代中国特色社会主义思想的重要组成部分，是我们党关于人才工作的重大理论创新，是做好新时代新征程国际人才和智力工作的思想指南和行动遵循。

2.4.2.1 牢牢把握聚天下英才而用之战略思想的时代背景

聚天下英才而用之战略思想，是在中国同世界关系发生深刻变化、中华民族进入伟大复兴关键阶段的历史背景下提出的，深刻揭示了引进国际人才和智力与实现中华民族伟大复兴、赢得国际竞争主动、推动经济社会发展、扩大对外开放之间的关系。

一是实现中华民族伟大复兴的重大战略部署。习近平总书记指出，盖有非常之功，必待非常之人。当前比历史上任何时期都更接近实现中华民族伟大复兴的宏伟目标，也比历史上任何时期都更加渴求人才。千秋基业，人才为先。实现中华民族伟大复兴，人才越多越好，本事越大越好。进行伟大斗争、建设伟大工程、推进伟大事业、实现伟大梦想，就要有聚天下英才而用之的眼界、魄力和气度，就要建设一支宏大的高素质人才队伍，就要将所有支持中国发展和民族复兴的党内党外人才、国内国外人才凝聚到中国的建设事业中来。习近平总书记的重要论述，将引进国际人才和智力工作的重要性提高到新的战略高度,为进一步做好国际人才和智力引进工作指明了前进方向。

二是应对综合国力竞争日趋激烈的战略举措。将引进国际人才和智力工作时时刻刻放在全球化和国际竞争的大背景下来考量,是习近平总书记聚天下英才而用之战略思想的鲜明特点。习近平总书记指出,综合国力竞争归根到底是人才竞争,人才竞争已经成为综合国力竞争的核心。人才资源是永不枯竭的资源,人才优势是最具潜力的发展优势。哪个国家拥有人才上的优势,哪个国家就会拥有实力上的优势;谁能培养和吸引更多优秀人才,谁就能在竞争中占据优势。人才选拔的视野,决定了发展的速度;全球配置人才资源的能力,决定了国际竞争的成败。国际人才资源是人才竞争的重要内容。不拒众流,方为江海。在发达国家纷纷采取有力措施吸引留置国际人才的大背景下,习近平总书记的重要论述,进一步增强了做好引进国际人才和智力工作的使命感和紧迫感。

三是推动经济社会高质量发展的重要支撑。习近平总书记指出,人才是推动经济社会发展的第一资源、战略性资源。要学会招商引资、招人聚才并举,还要以招人聚才为先。中国特色社会主义进入新时代,发展不平衡不充分已经成为满足人民日益增长的美好生活需要的主要制约因素。推动我国经济由高速增长阶段转向高质量发展阶段,实现经济发展质量变革、效率变革、动力变革,提高全要素生产率,就必须抓住人才这个最为关键的因素,率先实现人才供给转型升级。引进用好国际人才,是创造人才红利、推动创新发展的重要手段。新中国成立以来的历史证明,引进国际人才和智力是强化人才供给、跟上世界脚步和时代步伐的战略性选择。党的十八大以来,全面创新改革试验、国家自主创新试验、国家自由贸易试验、深度合作区等一系列重大改革任务,都把引进国际人才改革创新作为重要试验内容,进一步凸显了引进国际人才和智力工作在国家发展大局中的战略地位。人才特别是高层次创新型人才培养的滞后性,也要求必须扩大选才用才视野,在世界范围培养引进我们需要的人才。习近平总书记的重要论述,深刻阐明了引进国际人才和智力工作在经济社会发展中肩负的重要职责使命,对进一步做好新时代引才引智工作提出了明确要求。

四是提升对外开放水平的重要内容。习近平总书记指出,我们的事业是向世界开放学习的事业。一个国家的对外开放，必须首先推进人的对外开放，特别是人才的对外开放。要敞开大门，招四方之才、招国际上的人才。资本的流动、技术的转移、市场的开拓，都以人才的流动为载体。提升对外开放水平，不仅要求我国的人才走向世界，更重要的是要敞开胸怀，将工作岗位和发展机遇分享给全世界的人才，通过提升人才对外开放水平带动各行业各领域全面嵌入全球产业链、价值链、创新链，在更高水平上融入全球分工体系。随着我国综合国力不断增强和制度环境的逐步改善，国际人才也有到中国发展的意愿。实践证明，引进用好国际人才，是全面扩大开放的重要内容，也是对外开放水平的重要标识，必将为我国经济转型与改革发展带来强大动力，对经济全球化产生重大影响。习近平总书记的重要论述，对进一步提升人才对外开放度提出了新的更高要求。

2.4.2.2 深刻理解聚天下英才而用之战略思想的丰富内涵

习近平总书记聚天下英才而用之战略思想，是一个内涵丰富、系统完整、思想深刻的理论体系，明确了新形势下引进国际人才和智力工作的价值定位、战略目标、战略对象、战略途径，为进一步推进引进国际人才和智力工作改革创新提供了科学指导和根本遵循。

一要推动构建人类命运共同体。习近平总书记站在人类文明发展进程的高度，着眼时代大势，着眼党运、国运和中华民族前途命运，以开放包容、虚怀若谷的胸怀和不拒众流、方为江海的气魄，提出中国永远做一个学习大国、推动构建人类命运共同体的价值定位。人类生活在同一个地球村，各国日益相互依存、命运与共，越来越成为你中有我、我中有你的命运共同体。没有哪个国家能够独自应对人类面临的各种挑战，也没有哪个国家能够退回到自我封闭的孤岛。要促进和而不同、兼收并蓄的文明交流对话，在竞争比较中取长补短，在交流互鉴中共同发展，使文明交流成为增进各国人民友谊的桥梁、推动人类社会进步的动力、维护世界和平的纽带。引进国际人才和智力是学习别的国家、别的民族优秀文明成果的重要载体和方式，是推进文明交流互鉴的桥梁和纽带。要始终秉持谦虚的态度、开放的姿态、世界的眼光、互利共赢的理念，引导更多国际人才参与中国现代化建设，选派更多国内优秀人才学习别的国家的先进技术和经验，通过引进国际人才和智力促进中外交流合作，推动各国共同发

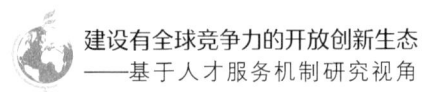

展,推进人类命运共同体建设,共同建设一个更加美好的地球家园。

二要加快建立具有国际竞争力的人才制度优势。习近平总书记准确把握国际人才流向的新变化,提出"完善人才引进各项配套制度,构建具有全球竞争力人才制度体系"的战略目标。制度建设是管长远、管根本的。当前,全球人才竞争格局正在发生深刻变化,人才竞争已经不仅仅是单纯的薪酬待遇比拼,而是日益演变成为人才发展制度体系的较量。世界是开放的,人才政策极易被模仿、复制,很难形成持续的竞争力,而人才制度体系的形成需要更长时间、更大智慧。综合来看,随着我国综合国力的不断增强,高层次国际人才"到中国去"的意愿越来越强烈,但与发达国家相比,出入境、签证、子女教育、医疗卫生、生活环境等方面制度的不配套,使"工作在中国"仍面临种种难题。我们要始终秉持"具有全球竞争力"的制度建设标准,加强顶层设计和政策统筹,厚植制度优势,抓好措施落实,为国际人才来华工作打造良好的制度环境。

三要广泛吸引各类创新人才。习近平总书记立足我国人才队伍建设实际,提出"各类创新人才特别是我们最缺的人才"的战略实施对象。我国是一个人力资源大国,也是一个智力资源大国,立足培养国内人才是我国人才队伍建设的根本。但是,我国人才队伍建设也面临严峻挑战,创新型科技人才结构性不足矛盾突出,世界级科技大师、领军人才、尖子人才不足,工程技术人才培养同生产和创新实践脱节,创新人才供给不足,等等,成为建设创新型国家的"卡脖子"问题。综合习近平总书记对国际人才和智力引进工作的重要论述,只要是我们最缺的人才,引进数量越多越好,本事越大越好,不唯地域、不求所有、不拘一格。发达国家引才实践也证明,引进人才的领域越清晰、资质越明确,引才的效率越高、成效越好。要立足"引进最缺的人才"要求,全面研判世界科技创新和产业变革大局,从满足国家战略需要出发,制定并定期调整引进国际人才指导目录,用国际通行有效的办法,柔性汇聚全球人才资源,着力引进具有重大原始创新能力的科学家、具有推动重大技术革新能力的科技领军人才、具有世界眼光和战略开拓能力的企业家和我国经济社会发展急需的其他各类人才。

四要深化人才引进体制机制改革。习近平总书记着眼于增强人才活力,提出"完善人才引进体制机制"的战略实现途径。深化体制机制改革，是引进国际人才和智力工作发展的根本动力。当前，引进国际人才和智力的内外环境、供求关系、资源条件、评价标准都发生了重要而深刻的变化，大力度优化实施各类人才计划，加大人才投入，取得积极而明显的成效。面对国际竞争新形势、高水平对外开放新任务、高质量发展新要求，如何更好发挥市场配置人才的决定性作用和政府引导作用，如何保障和落实用人主体自主权，如何切实保障国际人才合法权益等体制机制方面的问题，都迫切需要认真研究并加以解决。要瞄准让国际人才"来得了、待得住、用得好、流得动"的体制机制改革目标，迈开步子、加大力度，加快建立科学的人才评价机制、畅通人才流动机制、强化创新创业激励，为国际人才发挥作用、施展才能提供更加广阔的天地，努力实现人尽其才、才尽其用、用有所成。

2.4.2.2.3 系统掌握聚天下英才而用之战略思想的科学方法

习近平总书记基于对国内外发展形势的客观判断和高层次人才供求形势的准确把握，运用辩证唯物主义和历史唯物主义世界观和方法论，对引进国际人才工作要遵循规律、营造环境、发挥市场作用、坚持以用为本进行了充分论述，既部署"聚"的任务，又指导"用"的方法，为做好引进国际人才和智力工作提供了有效的方法"钥匙"，要深入领会并不折不扣地落实到各项工作之中。

一要遵循国际人才引进规律。习近平总书记指出，引进人才要遵循市场经济规律、国际人才流动规律和人才培养规律。这一重要论述，是对引进国际人才工作的科学把握和理性思考，是对引进国际人才新思路、新举措的高度概括。人才引进是一门科学。当代中国，经过40多年的改革开放，社会生产力、人民生活水平、综合国力迈上一个大台阶，比历史上任何时期都更加渴求人才，也比历史上任何时期都更加具备引进用好人才的条件。但人才流向并不是自然而然发生的，受经济动力、政策环境、科研条件、生活水平等因素的综合影响，遵循规律则事半功倍，违背规律则事倍功半。要深刻认识规律、尊重规律、按规律办事，不断提高引才引智工作科学化水平。

二要营造国际人才创新创业环境。习近平总书记指出："环境好，则人才聚、事业兴；环境不好，则人才散、事业衰。"环境育人、化人，也留人、成就人。国际人才作为国际流动资源和国际竞争对象，对环境的感知度、认同度更加敏锐。梧高凤必至,花香蝶自来。引进最优的人才,就要打造最优的环境。这就要求引进国际人才工作,必须营造人才成长的优良环境、有利于人才创新创业的工作环境、拴心留人的生活环境、引才聚才的政策环境,以良好的社会环境、工作环境、生活环境、制度环境,使国际人才创业有机会、干事有平台、发展有空间,形成近者悦、远者来的人才发展生态,把各方面人才集聚到党和国家伟大奋斗中来。

三要发挥市场配置人才资源的决定性作用。理论和实践都证明,市场配置人才资源是最有效率的形式,只有充分发挥市场配置人才资源的决定性作用,才能更大程度实现人才资源的有效配置和优化组合。人才管理部门只有大力度简政、放权、松绑,消除对用人主体的过度干预,把人才评价、选用、调配、奖励等方面的权力下放给用人主体,凡是该下放的下放,该交由市场的都交由市场,才能实现"有形之手"的精准调控和"无形之手"的润物无声。要加快构建统一开放竞争有序的人才市场体系,完善人才资源供求竞争机制,通过公开公平公正的引进与使用,促进人岗相适、用当其时。同时,培育扶持市场和民间力量,承担政府不便出面的引才引智使命,强化人才国际交流合作的规范。

四要更好发挥用人单位主体作用。人才引进,以用为本。聚天下英才而用之战略思想的落脚点在"用"上。用才是引才的根本目的,用才得当是真正的爱才敬才。在使用国际人才过程中,要有用才的胆识,敢于赋予国际人才更大的技术路线决策权、更大的经费支配权、更大的资源调动权,为国际人才发挥作用、施展才华提供广阔的天地;要有容才的雅量,充分信任、放手使用,鼓励创新、宽容失败,形成知人善任、人尽其才、才尽其用的良好局面;要有用才的良方,健全人才评价机制,完善知识产权运用和保护机制,让国际人才合理分享创新收益,最大限度调动国际人才积极性。要坚持用当其长、用当其时、用当其位,实现人尽其才、才尽其用、用有所成。

时代是思想之母,实践是理论之源。产生于中国特色社会主义新时代的聚天下英才而用之战略思想,是新时代中国特色社会主义人才观的总宣誓,释放出党中央全面加强引进国际人才和智力工作的强烈信号,昭示了中国加快建设人才强国的坚定决心和必胜信念,必将指引新时代新征程引进国际人才和智力工作不断从胜利走向新的胜利。

3 实践探索

3.1 开放创新生态中的人才流动情况

3.1.1 国际人才流动的现状与趋势

3.1.1.1 国际人才流动现状

在当前经济全球化和科技迅速发展的背景下，科研人员作为国际人才流动的核心群体之一，展现出显著的跨国迁徙和交流特征。这一现象不仅反映了全球科学技术合作的深化，也体现了知识经济时代对高素质科研人员的迫切需求。

首先，从整体趋势看，科研人员的国际流动呈现出规模不断扩大的态势。根据最新的数据和研究报告，越来越多的科研人员选择前往其他国家寻求更好的科研环境和职业发展机会。发达国家成为吸引国际科研人员的主要目的地，特别是美国、欧盟国家以及一些亚太地区的科技强国。例如，美国院校招收的国际科学与工程（S&E）研究生人数从2020年的20万人增至2022年的31万人，2021年在美国获得S&E硕士和博士学位的国际学生占了三分之一。美国的高等教育机构和研究中心每年都会吸引大量国际科研人员，其中包括获得博士学位的留学生，以及通过各类科研项目和交流计划前来的外籍专家[62]。

其次，从各国主要迁移路径来看，科研人员的流动呈现出多样化的特点。一方面，发展中国家的优秀科研人才往往前往科技和教育资源更丰富的发达国家深造和工作。这一趋势在近年来愈加明显，特别是来自中国、印度等新兴经济体的科研人员大量涌入美国、欧洲等地的知名高校和研究机构。例如，《中国留学发展报告蓝皮书（2023—2024）》显示[63]，自2015—2016学年以来，中国在美留学学生攻读科学、技术、工程和数学教育专业（STEM）的比例持续增加，2022—2023学年达到62.5%，大幅高于国际学生在美留学选择STEM专业的总体水平（55%）。印度亦是如此，印度在美留学生人数增长显著,2022—2023学年达26.8万人,重点瞄准科技和工程领域。另一方面,也有越来越多的发达国家科研人员被吸引到新兴经济体进行科研合作,这不仅带动了国际科研项目的合作,也促进了东道国的科技创新能力提升。例如,自2015年启动的中欧联合科研资助机制,吸引了大量欧盟科研人员来华进行合作,为双方科研人员开展联合研究与交流提供了有力支撑,合作成果丰硕。2021年至2024年,中欧双方依托新一轮中欧联合科研资助协议,聚焦农业、食品和生物技术(FAB)及气候变化与生物多样性(CCB)等领域,联合资助中欧大学、研究院所和企业开展务实研发项目合作[64]。

再者,国际科研人员流动的背后推动力多种多样。政策支持、科研经费、工作环境以及职业发展机会等都是科研人员考虑的重要因素。许多国家和地区通过出台各种优惠政策,如签证便利化、科研资助计划以及吸引海外高层次人才的专项计划等,积极吸引国际顶尖人才。例如,欧盟的"玛丽·居里行动"[65]、加拿大的"全球人才计划"[66]等,都对国际科研人员产生了强大的吸引力。

最后,科技发展和社会需求更是推动科研人员跨国流动的重要动力。随着互联网和通信技术的发展,科研合作不再受限于地理位置,跨国科研团队和项目变得越来越普遍。例如,抗击新冠肺炎疫情期间,由世界卫生组织(WHO)牵头的"团结试验(Solidarity Trial)"[67]集合了来自全球超百个国家的科研人员共同参与,其规模之广和合作之深无疑展示了科研人员跨国协作的力量。此外,全球性挑战如气候变化、能源危机、公共卫生问题等,也需要国际科研人员的协同合作,共同解决复杂的科学问题。

综合来看,科研人员作为国际人才流动的重要组成部分,其跨国流动已成为全球科技创新体系的重要驱动力。这一趋势不仅促进了国际科研合作的深化与拓展,也为不同国家和地区的科技进步和社会发展提供了强大的智力支持。

3.1.1.2 国际人才流动趋势

人才跨国流动可增强国家的国际竞争能力,提升对外开放水平。国际人才流动主要通过移民、留学和短期工作居留实现。近年来,发达国家持续加大对世界顶尖人才的引进力度。新形势下,中国的国际人才流动趋势出现新变化、新特点。

一是人才治理体系与机制不断完善,搭建更广泛的国际交流合作平台。中国在人才治理体系和机制方面不断进行改革和创新,以搭建更加广泛的国际交流合作平台。

政府通过政策优化和制度创新，使得国际人才引进和管理过程更加高效和透明。例如，国家出台的一系列人才引进计划等政策措施，为高层次国际人才和留学归国人员提供了更多机会和支持[68]。此外，中国还积极推动国际化战略，通过双边和多边科技合作协议，为海外人才参与国内项目和开展合作研究提供便利。例如，中美、中欧等在航空航天、农业、环境保护等领域开展了一系列联合科研项目，进一步深化了国际科技人才的交流与合作[69][70][71]。

二是面向全球吸引凝聚创新人才。中国致力于吸引全球创新人才，通过多渠道、多层次的举措凝聚全球高端人才。政策方面，不断优化人才引进机制，例如，推出大幅简化流程的R字签证，针对外国高端人才提供长期、便利的签证和居留许可[72]。此外，还通过国际人才交流大会、国际人才创业大赛等形式，积极在全球范围内吸引高层次人才[73]。在吸引海外创新人才的同时，越来越多的出国留学人员选择回国发展。归国留学人员通常具备国际视野、较高的科研水平和专业技能，成为推动中国科技创新和产业升级的重要力量。

三是国内环境不断优化，对国际人才吸引力逐步提高。随着中国经济的持续高速发展，国内工作和生活环境的不断优化，对国际人才的吸引力也在逐步提高。首先，中国一线城市如北京、上海、广州、深圳等具备高水平的科研基础设施、丰富的创新资源和蓬勃发展的科技产业，为国际人才提供了广阔的发展空间。此外，一些城市的生活质量、国际化程度和社会服务水平也在不断提升。社会融入方面，通过住房、医疗、子女教育等方面提供的优厚补贴和服务，使得外籍专家和留学归国人员的家庭生活更加便利，让国际人才在国内工作的环境更加舒适和可持续[74]。

四是积极推进国际科技人才环流。中国积极推动国际科技人才的"双循环"模式，强调国内国际两个市场、两种资源的高效配置与利用。在这一过程中，中国不仅吸引国际人才来华工作和创业，还鼓励国内科技人才走向国际舞台，参与全球高水平的科研活动。通过设立自由贸易试验区、国家自主创新示范区、国际科技创新中心等，有效促进了国际科技人才的流动与集聚。例如，深圳前海自贸试验区和上海张江高科技园区，近年来吸引了大量海外高层次人才和创新创业团队[75][76]。中国还通过举办国际知名学术论坛活动，为国际科技人才提供更多展示和交流的平台[77]。这些措施不仅提升了中国在全球科技创新体系中的地位，也促进了国际科技人才环流的高效运行。

综上所述，中国的国际人才流动趋势在人才治理体系与机制不断完善、创新人才的全球吸引、国内环境的优化以及国际科技人才环流等四个方面表现出显著的发展和创新。这一趋势不仅为中国科技和经济的发展注入了新的活力，也为全球科技创新和人才流动提供了范例。未来，随着政策和环境的进一步优化，中国在国际人才竞争中的优势将进一步凸显，国际人才流动的趋势也将持续深化和拓展。

3.1.2 吸引和留住国际人才的策略

3.1.2.1 确立特色引才战略，构建科学化薪酬体系

确立特色引才战略和构建科学化薪酬体系是吸引和留住国际人才的基础。应聚焦国家战略需求和重点产业布局，尤其是在人工智能、生物科技等前沿领域，通过提供具有国际竞争力的职业发展路径，吸引全球顶尖人才。一是投资建设相关专业领域的重点实验室、科研基地、产业基地等，打造国际领先的科研环境和生产设施；二是对重点领域的国际人才，在适用普适国际人才政策基础上叠加更全面的保障性、奖励性和发展性政策，全面提升对国际人才的吸引度；三是和国内外高校的重点专业建立联系，建立对口支持、创业联动、联合培养等多样合作关系；四是打造相关的品牌人才活动，如行业人才创业周、人才节等，打响宣传声势，形成品牌凝聚效应[78]。

此外，应优化当前的人才薪酬制度，构建科学化的人才薪酬体系，确保薪酬水平与人才的实际价值和市场稀缺性相匹配。例如，可以通过与企业设立合作资金和科研奖金等方式多渠道增加国际人才收入，提高其工作积极性[79]。

3.1.2.2 打造高效人才对接机制，优化人才发展环境

打造高效的人才对接机制和优化人才发展环境是吸引和留住国际人才的关键。政府和市场需要共同发力，通过建立完善的海外人才信息平台，举办国际招聘会，搭建在线交流平台等方式，实现人才与创新主体的精准匹配。后疫情时代，国际人才的线上匹配与对接工作显得更为重要，既要做到避免信息遗漏或重复，也要降低国际人才获取信息的成本，提高对接效率[80]。同时，扩大政策惠及面，降低隐形门槛，如简化签证手续、提供税收优惠等，使更多国际人才能够享受到相关政策红利[81]。

此外，优化国际人才的发展环境也至关重要。一方面，政府应加大对国际人才的

培训资源投入力度。通过与专业机构合作，针对创业型人才和非创业型人才开设相应的能力提升、职业规划、进修学习等项目或课程，并根据完成情况推荐工作机会，给国际人才提供新阶段的发展机遇。另一方面，充分利用国际人才集聚的优势，加强本地用才机构和国际人才群体之间的内生性合作。引导建立海外高层次人才社群，定期组织行业论坛、学者交流等交流培训活动，让国际人才感受到归属感。

3.1.2.3 细化国际人才分层分类配套政策，构建选育留用一体化人才政策体系

细化国际人才分层分类配套政策，构建选育留用一体化人才政策体系是确保人才长期发展的保障。在吸引和服务好国际人才的同时，如何留得住、用得好其他具有发展潜力的相关人才，是当前急需考虑的重要命题。要根据人才的不同层次和类别，制定差异化的政策，满足不同人才的需求。例如，对于顶尖科学家，可提供充足的科研经费和自主权；对于创新创业人才，则可提供创业孵化和融资支持。同时，通过校企合作、产学研结合等方式，培养既懂国际规则又熟悉本土市场的复合型人才，促进人才资源的良性循环。构建从选拔、培养到留用的全流程政策体系，确保人才能在中国获得长期发展机会[82]。

通过这些多层次、全方位的策略实施，中国正在逐步构建起对国际人才具有强大吸引力和凝聚力的发展平台，这为中国参与全球人才竞争、提升国际影响力奠定了坚实基础。

3.2 政策制度层面

3.2.1 人才服务政策经验

3.2.1.1 典型国家和我国部分地区的人才服务政策情况

（1）美国

a. 移民制度改革历程

美国的移民政策由垦荒时代的来者不拒到后来的规定限额再到今日吸引鼓励技术、投资移民，政策制定始终适应美国经济、社会发展的需要，取得了卓有成效的成

果[83][84]。早在1798年，美国就发布了《外国人法案》，该法授权总统驱逐其认为有害于国家安全的外国人出境。到了1907年的《移民法案》，美国扩大了不可入境类的范围，其中包括16岁以上的文盲，并加强了日后对东方人进入美国的限制。1921年，国会首次正式制定了移民配额法规，规定每个国家每年进入美国的人数不得超过1910年该国公民在美总数的3%，而允许进入美国的外国移民总数每年不得超过35万人。1924年，美国出台《移民配额法》，为吸引外来人才提供法律依据。1940年的《外国人登记法案》规定，所有在美国的外国人必须进行登记并提交指纹记录。1948年《失去家园者法案》允许40万德国、意大利和奥地利难民进入美国。1952年通过的《移民与国籍法》奠定了美国现代移民法的宗旨及基本构架，从这个时期开始，美国成为各国移民的首选。1990年，《新移民法案》规定杰出人才、具有高学历或特殊能力的专业人士、技术劳工专业人员和美境内紧缺劳工分别享有一、二、三类职业移民优先权。

美国是全球人才竞争最大的赢家，可以说是国际人才争夺的最佳"猎手"。美国时任总统特朗普上台后，美国在投资移民等移民方式上收缩，但对杰出人才移民EB—1（第一类优先职业移民）则给予了极大的便利。2018年，美国共发放4万张EB—1签证，其中包括EB—1A"杰出人士"移民、EB—1B"杰出教授或研究员"移民、EB—1C"跨国公司经理"移民三个类别[85]。以EB—1A为例，其签证基本不受排期影响，额度供需上基本处于充裕状态；审批速度也很快，15天左右申请即可获批，一年之内可获得移民签证。美国"不拘一格"瞄准了世界各地的人才，不仅欢迎本族裔人才，而且吸引了大量外裔人才。其对人才、移民的法律化、制度化管理，是吸引国际人才的重要因素。2021年，拜登政府支持《2021年美国公民法案》，提出了包括增加职业移民绿卡数量、消除绿卡国别限制、为STEM专业高等学位毕业生提供更便捷的绿卡申请途径等措施，以吸引和保留国际人才[86][87]。

b. 大力吸引STEM领域外国学生

美国政府始终将STEM教育作为国家发展的基石。通过增加科研经费、设立奖学金、推动研究成果公开和专利权制度，以及国际合作等措施，美国成功培养了大量的科技人才，提升了国民平均受教育水平和科技能力。特别是在金融危机时期，政府对STEM教育的巨额投入，为美国在全球科技竞争中保持领先地位提供了有力保障[88]。

美国是接纳留学生大国,来自世界各地庞大的留学生群体对美国经济发展和科技进步产生了深远影响。吸引和留住外国留学生,作为本国人才后备力量,这是美国的一贯政策[89]。美国于1946年开始实施"富布赖特项目",通过提供奖学金吸引世界各国优秀学生赴美留学[90]。20世纪60年代,美国又推出《共同教育和文化交流》《国际教育法》,进一步扩大与外国交换留学生的规模。与此同时,美国各大学也相继提出各自的留学政策[91]。自2006年开始,美国时任总统布什在其国情咨文中公布一项重要计划——《美国竞争力计划》[92],提出知识经济时代教育目标之一是培养具有STEM素养的人才,并称其为全球竞争力的关键。所谓STEM就是科学(Science)、技术(Technology)、工程(Engineering)、数学(Mathematics)的首字母。由此,美国在STEM教育方面不断加大投入,鼓励学生主修科学、技术、工程和数学,以培养学生的科技理工素养。美国的政治家们充分意识到,美国STEM专业人员的不足已制约了美国科技乃至整体经济的发展,因此需要留住那些在美国高等院校取得高学历的STEM专业外国留学生。为解决"逆向人才流失",以维持美国在全球的竞争力,2012年11月30日,美国国会众议院通过了"科技工程留学生就业法案"[93],为在美国大学取得科学、技术、工程和数学博士与硕士学位的外国毕业生建立新的绿卡计划,帮助他们留在美国工作和创业。美国时任总统奥巴马2013年1月29日公布的移民改革提议中,有相当一部分内容是围绕如何将持有STEM领域高等学历的留学人才留在美国发展的。根据这一改革方案,每年预留55万个绿卡名额给那些在美国高等院校获得STEM专业的硕士及以上学位的毕业生[94]。据美国制造业协会的报告,预计到2025年,美国各行业将有350万个STEM职位亟待填补,但目前,美国仅有16%的学生申请STEM专业,而国际学生对STEM专业热情高涨。哈佛大学、麻省理工学院、普林斯顿等三大名校IT专业国际学生的比例分别高达53%、43%、60%[95]。拜登政府注意到这一现象并及时采取措施,2022年,美国国会众议院通过了《2022年美国竞争法案》[96],与特朗普时期大幅收紧人才引进政策相比,该法案释放出强烈的人才争夺信号,大幅降低对STEM人才的引进门槛,具体举措包括:新增22个专业划入STEM专业领域,包含生物能源、云计算、数据分析等,使更多学生可以享受到STEM专业领域的优惠政策,变相扩大了人才的引进范围,并将这些领域的F-1学生毕业后在美国停留的时间从12个月延长至36个月（即STEM可选实践培训计划，简称OPT）。缩短对STEM领域博士批准NIW（国家利益豁免）绿卡的时间，使其可跳过繁琐的劳工应聘程序直接开始工作。降低美国杰出人才O-1A签证门槛。对此，目前法律上虽无明文变化，但移民局更新的文件已将审核标准放宽不少。例如，符合条件的人才无须通过雇主出具证明，即可自己直接申请；又如，原先不算"奖项"的优秀博士论文奖，现在或可成为符合条件之一等。J-1签证中STEM专业领域本科、硕士的实习期由18个月延长到36个月。

c. 依托人才服务机构在全球搜寻人才

为了得到世界各国的优秀人才，美国或是实行重金收买，或是高价收购科技成果，或是以高薪聘请，不惜重金网罗人才。美国有着遍布全球的人才流动服务机构和高度发达的信息网络，为人力资源的配置提供了条件。美国将人才服务机构划分为猎头机构和猎头公司两大类[97]，猎头机构是提供非营利性服务的社会公益组织，如基金会、大学、博物馆等；猎头公司是营利性公司，主要为各类企业引进高层次人才服务。专以收买高级领军式人才为主的猎头公司遍布全国。在海外人才引进操作中，不唯学历，强调实用，其标准由聘用单位决定，如人选合适，聘用单位会支付各类费用，保证人才享有当地工资水平或更高，同时在子女托管和教育、休假、职务晋升以及社会福利等方面提供各种优惠条件。目前，在美国与人才和科技有关的各类中介服务机构包括信息服务、咨询培训、猎头公司、人才银行、风险投资公司等。他们对一个或几个行业的人才状况非常了解，掌握了大量的人才信息。随着人才竞争的加剧，中介服务机构特别是猎头公司竞争也日趋激烈。有时他们为了得到一个有特殊管理或者创造才能的优秀人才，会不惜高价将此人和所在公司全部买下。

d. 以改善科技创新环境提升吸引力

美国的研究开发工作分别由联邦政府实验室、私人工业公司、高等院校和其他非营利机构这四大类研究机构独立进行。联邦政府通过研究合同、采购合同和其他政策，可以在某种程度上影响政府以外的科研机构，使全国科技工作成为一个整体。此外，除了官方来源外，民间基金会也是美国科研经费重要的资金来源。在美国，各基金会资金来源渠道很多，运作模式、管理方式各有特色。科研人员可以根据自己的兴趣向各类基金会申请项目，从而形成了非常宽松多元的科学研究环境。与此同时，美国尽力为企业和个人营造适合创新的政策环境，大力推动美国产业的技术创新和科研成果的产业化。美国将实验室研究成果向产业界转让视为提升国家竞争力的重要手段[98]，自20世纪80年代起通过了一系列联邦技术转让方面的法律，如1990年斯蒂文森·怀德勒技术创新法、1980年拜耶·多尔法、1986年联邦技术移转法、1995年国家技术转让促进法、2000年技术移让商业化法等十几部法律，鼓励联邦政府实验室和大学进行技术转让活动[99]。此外，美国政府还通过加强对知识产权的保护来吸引外国高科技人才，鼓励探索和创新精神，为高科技人才提供在美投资、创业与成功的机会，从而保证美国高科技与经济发展在全球处于领先地位[100]。

（2）德国

a. 移民制度改革历程

德国战后的外来移民潮始于20世纪50年代，当时的主要移民动机为逃亡、避难、工作、家庭团聚以及教育。1951年在德国仅有50.6万外国人，到1979年这一数字已经上升为740万，占当时德国总人口的9%，2009年的外国人数量略有下降，为710万，占总人口的8.7%[101]。从战后各行业劳动力的极度短缺，到20世纪50年代开始大规模引入南欧及土耳其客籍劳工，客籍劳工数量飞速发展，最终，德国社会于20世纪70年代迎来客籍劳工社会的结束。当前，专业技术人才短缺又成为德国制定国家战略的重要考虑因素。东欧剧变之后，许多原居住于苏联加盟国和其他东欧国的德国后裔大量回流。据统计，从1988年到1991年间，这一回流人群的数量大约为120万，成为德国外来移民中数量仅次于土耳其裔移民的第二大群体[102]。在巨大的移民压力之下，德国政府于20世纪90年代初大幅收紧了移民政策，给新的外国移民进入德国制造了更为严格的门槛。1990年7月9日，德国内政部发布了《重新调整外国人权利法》（1991年起正式实行），该法包含《外国人入境和居留法》《联邦哺育金法的修正》等共15章[103]。其中《外国人法》对外国人进入德国、在德居留或长期居留以及入籍的规定比之前的移民法令明显收紧。1993年，德国又修改了避难法条文，明确避难权的适用范围，加快遣送出境程序的进展规定，促使申请避难人数大幅下降。德国的移民政策直到21世纪初才发生了新的转向，最直接的原因是人口结构的快速变化[104]。为了解决日益增长的高技术人才需求和劳动力萎缩之间的矛盾，保证劳动力市场上专业人才的数量稳定，德国政府从21世纪初开始从法律框架上逐步修改现行的《外国人法》，放宽移民限制。2004年7月，新的《移民法》（全称为《关于控制限制移民和规定欧盟公民、外国人居留与融合事宜之法》）通过了联邦议院和参议院的投票，并于2005年1月1日正式启用，取代之前从1965年开始实施的《外国人法》。这部法律体现了德国政府在融入和移民政策方面的思维转变[105]。《移民法》规定，外籍高层次人才获得德国工作许可主要可以通过三种方式：一是技术移民渠道；二是针对普通外国人（包括留学生）的工作许可；三是具有投资意向的外国人可以在获得居留许可三年后获得落户许可。

b. 出台多种类型的签证制度

①科技人才蓝卡签证制度

德国的科技人才蓝卡签证制度（EU Blue Card）[106]是一项旨在吸引高技能专业人才的重要政策，是德国为了吸引非欧盟高技术人才在德国工作和生活而推出的一种工作和居留许可，于2012年8月1日正式在德国实施。这个制度不仅针对IT领域，也涵盖了其他科技和专业领域。该制度的背景源于德国面临的多个高技能领域人才短缺问题，尤其是在STEM领域。德国希望通过引进国际人才推动技术创新和经济增长。同时，作为欧盟层面的统一政策，蓝卡旨在提高欧洲在全球人才竞争中的吸引力。

申请蓝卡的资格要求包括拥有被认可的高等教育学历（至少学士学位或同等学历），以及德国雇主提供的工作合同或具有约束力的工作邀请。薪资标准方面，一般职业年薪至少需达到58400欧元，而紧缺职业（如IT、工程、医疗等）的标准则为45552欧元（2023年标准）。此外，工作岗位必须与申请人的学历背景相关。

申请流程通常需要向德国驻外使领馆或在德国当地的外国人办公室提交申请，所需文件包括学历证明、工作合同、护照等基本文件。审核时间从几周到几个月不等，视具体情况而定。蓝卡持有者享有多项权益，包括在德国从事高技能工作的许可，初始有效期通常为4年。持卡人的配偶和未成年子女可以随行，且配偶可获得工作许可。蓝卡持有者还享有与德国公民类似的社会保障待遇，并在一定条件下可以在其他欧盟国家工作和居住。在永久居留权方面，蓝卡制度提供了加速通道。持卡人在德国工作33个月后可申请永久居留，如果德语水平达到B1级，甚至可以在21个月后申请。这比普通工作签证更具优势，且申请过程无须进行劳动力市场测试。

自实施以来，蓝卡制度已吸引了大量国际人才，尤其是IT、工程等领域的专业人士，在一定程度上缓解了德国某些行业的人才短缺问题，为科技创新和经济发展注入了新的动力。然而，这一制度也面临着一些挑战，如语言障碍和文化适应等问题，需要政府和社会各界共同努力解决。展望未来，德国政府正在考虑进一步优化蓝卡制度，包括简化申请流程，可能扩大符合申请的职业范围，以应对更广泛的人才需求。

②出台国际人才机会卡签证

德国的国际人才机会卡签证（Chancenkarte或Opportunity Card）[107]是德国政府于2024年推出的一项新政策，旨在吸引更多国际人才来德国工作和生活。这一签证制度是德国应对劳动力短缺、提高国际竞争力的重要举措，也标志着德国移民政策向更加开放和灵活的方向发展。

机会卡签证的核心理念是基于积分制度。申请人需要满足一系列标准并获得足够的积分才能获得签证。评分标准包括学历、工作经验、语言能力、年龄以及与德国的联系等方面。这种积分制度使得签证申请过程更加透明和公平，同时也允许德国根据自身需求灵活调整标准。获得机会卡签证的国际人才可以在德国停留一年时间寻找工作。在此期间，他们可以从事短期或试用工作，这为求职者和雇主提供了互相了解的机会。如果在有效期内成功找到符合要求的工作，签证持有者可以直接转换为工作签证或蓝卡，无须离开德国重新申请。

这项签证的一大特点是它不要求申请人提前获得工作合同。这与传统的工作签证或蓝卡有显著区别，大大降低了高技能人才进入德国劳动力市场的门槛。同时，机会卡签证也为那些可能不符合蓝卡高薪要求但具有潜力的人才提供了机会。申请机会卡签证的基本要求包括：持有被德国认可的高等教育学历、具备良好的德语或英语能力、有足够的资金支持在德国的生活、年龄不超过35岁等。此外，申请人还需要证明自己有相关的专业工作经验。

机会卡签证的推出反映了德国在人才吸引策略上的创新。它不仅针对当前的人才需求，也着眼于未来潜在的人才储备。通过这一政策，德国希望能够吸引更多种类的国际人才，尤其是在IT、工程、医疗等紧缺领域的专业人士。然而，这一政策也面临一些挑战。例如，如何确保签证持有者能够在有效期内找到合适的工作，如何帮助他们克服语言和文化障碍，以及如何平衡本地劳动力市场的需求等。这些问题需要政府、企业和社会各界共同努力解决。

国际人才机会卡签证是德国移民政策的一大创新，体现了德国在全球人才竞争中的积极姿态。通过提供更灵活的入境和就业机会，德国希望能够吸引更多高技能人才，为其经济发展和创新能力注入新的动力。

c. 优化《移民法》进行保障

2023年11月，德国开始实施新的《技术人员移民法》[108]，这是德国移民政策的一次重大更新，旨在进一步简化和扩大技术人才的引进。这项新法律的实施标志着德国在应对劳动力短缺和提高国际竞争力方面迈出了重要一步。新法的主要目标是通过简化程序和放宽条件，吸引更多来自非欧盟国家的技术人才，以填补劳动力市场的空缺，尤其是在IT、工程、医疗保健等关键领域。

新法引入了几项重要变化。首先，它建立了经验认可制度，允许具有相关工作经验但没有正式学历的专业人士申请工作签证。其次，对某些职业，特别是IT领域，放宽了最低薪资要求。此外，新法还简化了求职程序，扩大了求职签证的适用范围，并提供了更多来德国接受职业培训的机会。一个重要创新是引入基于积分制的"机会卡"系统，允许潜在移民根据其技能、语言能力、年龄等因素获得在德国寻找工作的机会。

这项新法律的实施预计将产生多方面的影响。它有望显著增加来德国工作的非欧盟技术人才数量，有助于缓解劳动力短缺问题。通过吸引全球人才，德国希望保持并提升其在技术创新和经济发展方面的国际竞争力。引进更多技术人才也有望刺激经济增长，尤其是在高科技和创新领域。同时，新法将促进德国劳动力市场的多元化，为企业带来新的视角和技术。

然而，新法的实施也面临一些挑战。尽管放宽了一些要求，但语言和文化融合仍然是外国技术人才面临的主要障碍。政府需要平衡引进国际人才与保护本地就业市场之间的关系。此外,确保高效和一致的行政执行也是一个挑战。越来越多人才涌入,可能会对当地住房市场和城市基础设施造成压力,这些都需要政府和社会各界共同应对。

从长远来看,这项新法律的实施被视为德国移民政策的一个转折点,标志着德国正在向更开放、更灵活的劳动力市场转变。它可能会对德国的人口结构、经济发展和社会文化产生深远影响。通过简化程序、放宽条件,德国希望吸引更多高技能人才,以应对人口老龄化和劳动力短缺的挑战。

新的《技术人员移民法》反映了德国在全球人才竞争中的积极姿态。这项法律的效果将在未来几年逐渐显现,其成功与否将对德国的经济发展和国际地位产生重要影响。同时,这一政策的实施和效果也将为其他面临类似挑战的国家提供有价值的经验和教训。德国的这一举措展示了其在应对全球化挑战和维持经济竞争力方面的前瞻性思维,值得其他国家密切关注和学习。

d. 积极促进职业资格互认

德国在促进职业资格互认方面采取了一系列积极措施,反映了其对吸引国际人才和满足国内劳动力市场需求的重视。2012年4月德国政府颁布了《改善国外获得的职业资质确定及承认法》[109],进一步减少了在外国取得专业学历的人才融入德国劳动力市场的障碍,简化和完善了对在德国境外取得的职业资质的评估、认证手续。

为了简化认证流程,德国设立了专门的认证机构和信息中心,为申请人提供咨询和支持。这些机构提供多语种服务,帮助申请人更容易理解和完成认证程序。近年来,德国不断扩大可互认的职业资格范围,除了传统的学历认证,现在还包括职业培训和工作经验的认可。这对于那些拥有丰富实践经验但可能缺乏正式学历的专业人士尤为重要。

德国还引入了"认可伙伴关系"[110],对于不完全符合德国标准的资格,申请人可以获得部分认可,并通过补充培训或考试来弥补差距。这种灵活的方法大大提高了资格认证的成功率。对某些行业,如医疗保健和工程,政府制定了特定的认证程序。例如,对于医生和护士,德国设立了专门的快速认证通道,以应对这些领域的人才短缺。

在技术方面,德国正在推进资格认证流程的数字化[111],推出了在线申请系统和数字证书，加快了处理速度，提高了效率。同时，德国与多个国家签订了双边协议，促进职业资格的互认，这些协议涵盖了从学历认证到职业技能认可的广泛领域。

意识到语言是资格认证和就业的关键障碍之后，德国提供了专门的语言课程和职业相关的语言培训[112]，帮助申请人提高德语水平。德国还鼓励企业积极参与资格认证过程，许多公司提供实习机会或定制培训，帮助国际人才适应德国的工作环境和标准。

德国政府定期评估资格认证政策的效果，并根据反馈进行调整，不断优化认证标准和流程。为提高信息透明度，德国设立了专门的网站和信息平台，如"Recognition in Germany"[113]，提供全面的资格认证信息和指导，包括不同职业的具体要求和程序。此外，为了减轻申请人的经济负担，德国提供了各种资金支持计划，包括认证费用补贴和生活费用支持。

通过这些综合措施，德国在职业资格互认方面取得了显著进展。这不仅帮助解决了国内某些行业的技能短缺问题，也为国际人才提供了更多在德国就业和发展的机会。然而，挑战依然存在，如认证处理时间长、某些行业的认证标准仍然严格、语言障碍等。

德国的经验表明，有效的资格互认政策需要全面、灵活和持续改进的方法。它不仅涉及法律和行政程序的改革，还需要教育机构、企业和社会各界的广泛参与。随着全球化的深入和人才流动的增加，职业资格互认将继续作为德国和其他国家人才政策的重要组成部分。

e. 加速高素质移民的社会融入

德国近年来在加速高素质移民的社会融入方面做出了诸多努力，形成了一套相对完善的体系。首先，德国政府推出了一系列政策措施来吸引和留住高素质移民。《技术人员移民法》大大降低了高素质人才进入德国劳动力市场的门槛，为非欧盟国家的专业人才提供了更多机会。其次，德国还简化了高学历人才的居留许可申请程序，并为其配偶提供工作许可，以增加对高素质移民的吸引力。同时，德国重视语言教育在移民融入过程中的重要作用。政府为新移民提供免费的德语课程，并鼓励企业为外国员工提供语言培训。此外，许多大学和研究机构也为国际学生和研究人员提供德语课程，帮助他们更好地融入学习和工作环境。再者，德国注重营造包容性的社会氛围。许多城市和社区组织文化交流活动，鼓励本地居民与移民之间的互动。企业也越来越重视多元文化的工作环境，通过各种方式促进不同文化背景员工的交流与合作。最后，德国还通过优化行政服务来支持高素质移民的融入。例如，在一些大城市设立了专门的服务中心，为国际人才提供一站式服务，包括居留、工作许可、社会保险等方面的咨询和办理[114]。

（3）新加坡

a. 建立人才引进政策体系

目前，新加坡主要负责国际人才引进和管理工作的部级行政部门有三个：人力资源部、经济发展局和财政部。人力资源部专门设立国际人力局，负责全球人才招聘，主要包括根据经济发展的需要，每年制定和更新"关键技能列表"。在这个过程中，新加坡的经济发展局将根据本部门制定的国家战略性产业和发展方向，为人力资源部的计划制定提供策略性的指导。财政部则负责实施人才发展相关的免退税等优惠措施。相关部门在人才引进方面相互协调，形成了上下链条工作一体化、由人力资源部相关分部具体负责的模式。在人力资源部、经济发展局和财政部的合力运转下，新加坡在工作许可、人才居留、人才便利等方面出台了一系列的政策法规，为新加坡引进海外人才夯实了基础[115]。

新加坡于2011年1月1日成立了国家人口与人才司，隶属于总理办公室。国家人口与人才司负责制定、协调和审查政府政策，以支持实现可持续人口目标。2016年8月1日，国家人口与发展政策局转为隶属于总理办公室战略小组，以进一步推动政府各部门在人口与人才政策方面的战略调整。国家人口与人才司由两个局组成：人口政策与规划局负责领导和组织政府各部门的工作，为新加坡当前和未来的人口发展应对挑战、抓住机遇。该团队分析数据、开展研究、审查和制定政策，包括调整移民政策，制定优惠政策以吸引和保留全球人才，或提供其他支持以推动经济增长，支持新加坡当前和长期的人口战略。婚姻与生育政策局，负责领导并协调政府各部门支持新加坡婚姻与生育的工作。

①工作许可政策

在新加坡海外人才引进的过程中,工作许可政策是必不可少的一环。根据政策面向主体的不同,可分为需求导向型政策和供给导向型政策。需求导向型政策即根据雇主需求,有针对性地引进具有特定技能的人才并给予其移民身份的政策。需求导向型政策立足于企业的用人需求,采取就业市场测试,在本土劳动力市场确实无法满足职位空缺的前提下,才允许外来申请者进入本土劳动力市场。该类工作许可政策会对申请者的资格、薪酬、工作情况与获得移民身份的条件等方面设置最低标准。而供给导向型政策则与需求导向型政策相对,相较于雇主需求,更为看重优秀人才本身的资质。在供给导向型政策下,符合语言能力、受教育水平、年龄、工作经历、家庭情况、工作岗位需求等要求的特定申请人可以直接获得移民资格[116]。

新加坡的工作许可政策是需求导向与供给导向统筹而成的。一方面,由于自身人口资源老龄化所造成的对包括中低端劳动力(如中级技术人员与低技能外来劳工)在内的外来人力资源的需求,以及面向知识经济的产业结构转型所带来的对高端人才的迫切需求,促使新加坡政府逐渐放开对外来人口的控制。而另一方面,外来劳动力对本地人口就业所造成的压力,又迫使新加坡必须对外来劳动力的质量严格把关。在此境况下,新加坡政府在派发工作签证与核准永久居民身份上做了严格区分,对不同类型的外来人员提出不同的要求、给予不同的待遇,从而达到在满足市场需求的同时,有针对性地吸收海外高端人才。目前,新加坡主要有SP、EP等多种工作签证[117]。其中,EP签证面向高技能专业人士、管理人员和高管,月薪需达到一定标准。SP签证则针对中等技能的技术工人。此外,还有WP签证针对半熟练或非技术工人。新加坡政府定期调整这些工作签证的申请条件和配额,以确保本地劳动力市场的平衡。近年来,政府提高了EP和SP的薪资门槛,同时加强了对雇主的审核,以确保雇佣外籍员工的合理性。

②人才居留政策

新加坡作为一个重视人才的国家,实施了一系列全面而灵活的人才居留政策,旨在吸引和留住全球优秀人才。这些政策主要包括永久居民(PR)计划、公民入籍计划以及多种专门针对高技能人才的计划[118]。

首先,新加坡的永久居民计划为符合条件的外国专业人士、技术工人、投资者和企业家提供了在新加坡长期居留的机会。申请PR的途径包括专业、技术人员和技能工人计划(PTS),以及全球投资者计划(GIP)等。PR身份不仅为申请者提供了更多的就业和创业机会,还能使他们享受部分公民福利,如购买政府组屋的资格。

其次,新加坡还通过公民入籍计划,为在新加坡长期工作和生活、对社会有贡献的永久居民提供成为新加坡公民的途径。这一过程通常需要经过严格的审核,包括对申请人的经济贡献、社会融入程度以及对新加坡的认同感等方面的评估。

再者,新加坡推出了一些针对特定领域高端人才的计划。例如,为了吸引更多科技人才加入新加坡,新加坡经济发展局于2020年11月启动"科技准证"(Tech Pass)这项新的工作签证项目[119],以吸引外国科技专家人才进入新加坡的科技行业,推动本地科技生态系统的发展。主要针对行业是电子科技、电子商务、人工智能、网络安全等领域。此外,高级就业准证(PEP)允许高收入的专业人士在新加坡自由寻找工作机会,无须与特定雇主绑定。

最后,新加坡还不断优化和调整这些政策,以适应全球人才流动的新趋势和本地经济发展的需求。例如,近年来,政府加强了对高技能、高附加值行业人才的倾斜,同时也注重平衡本地劳动力市场的需求,确保政策的可持续性[120]。

③子女教育保障政策

首先,新加坡政府允许国际人才子女就读本地公立学校。无论父母是永久居民还是非永久居民,只要支付适当的学费,他们的子女就能与本地学生一起接受新加坡优质的公立教育——从学前教育到大学教育。新加坡公立学校在国际上享有盛誉,这为国际人才子女提供了接受优质教育的宝贵机会[121]。

其次,新加坡提供了多元化的国际学校选择。目前,新加坡共有60多所国际学校,教学语言包括英语、华语、法语、德语等,覆盖不同国家和地区的课程体系。针对国际学校,新加坡政府制定了相关的规章制度,保障其教学质量和师资水平,并为优秀的国际学校开放招收新加坡公民学生的名额,促进跨文化交流。

再者,新加坡还为国际学生提供了多种奖学金项目,如新加坡政府奖学金、新加坡国际奖学金等,吸引世界各地的优秀学生到本地的大学和高等院校深造。这些奖学金项目旨在培养具有全球视野和国际竞争力的人才,为新加坡的长期发展储备智力资本。

最后,新加坡政府还与私营机构合作,为国际人才家庭提供一系列教育资讯和支持服务。例如,通过"新加坡教育服务联盟"[122],外籍家长可以获得专业的教育咨询服务,了解不同类型学校的特色以及申请入学的流程。此外,还为外籍家长提供多语种教育讲座,帮助他们更好地支持子女的学习。

④外来人才居住计划

虽然新加坡的组屋大多是为本地公民和永久居民设计,但在近年来,政府逐步放宽了一些政策,允许特定类别的外籍人士租赁组屋。例如,持有一定类型工作签证的外籍人士,如就业准证持有者,可以在特定条件下获得租用组屋的资格。为了方便国际人才更好地融入,从而推动他们在新加坡的工作与生活,政府还推出了一些支持政策,包括提供租赁补贴和便利的申请流程[123]。

此外,新加坡的组屋社区通常设施齐全,周边环境优美,能够满足国际人才及其家属的生活需求。考虑到国际人才的多样性,政府也鼓励组屋区的文化交流,为新移民提供了一个相对友好的居住环境。同时,租用组屋的灵活性也使得国际人才在搬迁或变更工作时,减少了居住上的后顾之忧。这一系列政策不仅促进了社会的多元化,也为新加坡吸引和留住人才提供了良好的居住条件。

⑤创新专门签证政策

为吸引和留住全球顶尖人才,新加坡政府推出了"顶级专才准证"(ONE Pass)[124]和"互补专才评估框架"(COMPASS)[125]两项重要政策。

ONE Pass是一种新型的工作签证,旨在吸引高收入人才和杰出成就者。该签证允许持有人在新加坡自由更换工作,无须重新申请工作准证,有效期长达五年。此外,ONE Pass还允许持有人的配偶在新加坡工作,进一步增强了其吸引力。这一政策体现了新加坡在全球人才竞争中的积极姿态,旨在为国家经济发展注入新的活力。

COMPASS是一个更全面的评估体系,用于审核EP签证的申请。这个框架采用积分制,考虑了多个因素,包括申请人的薪资、资格、多样性、支持本地就业等。COMPASS的引入旨在确保新加坡引进的国际人才能够真正补充本地劳动力市场,促进技能转移，并为本地员工创造更多机会。这个系统不仅有助于吸引高质量的国际人才，还能够平衡本地就业市场的需求，确保人才引进政策的可持续性。

这两项政策的推出反映了新加坡在人才战略上的精细化和前瞻性。ONE Pass针对的是最顶尖的全球人才，而COMPASS则确保了更广泛的国际人才引进能够与本地劳动力市场需求相匹配。这种多层次、多角度的人才政策不仅有助于新加坡在全球人才竞争中保持优势，还能促进本地与外来人才的良性互动，推动国家经济和社会的全面发展。通过这些措施，新加坡正在努力打造一个更具吸引力、更加包容的国际人才中心。

b. 设立国家猎头机构

在新加坡众多的引才措施中，最为独特的要数作为国家猎头机构的"联系新加坡"[126]。"联系新加坡"由新加坡经济发展局和人力资源部于2008年8月共同成立，是新加坡吸引经济领域人才的主要政府机构。它旨在与海外新加坡人和国际人才建立联系，协助他们到新加坡工作、投资和生活，并为新加坡本地雇主和专业人士牵线搭桥，把新加坡提升为一个人才荟萃，适合工作、投资、经商和生活的目的地。即使有完善的就职前培训和继续教育与培训，仍无法满足某些领域人才和技能的要求。正是意识到这点，各级政府部门及"联系新加坡"才着力猎取全球人才（包括海外新加坡人）。"联系新加坡"由经济发展局和人力资源部共同指导，一共设有四个下属部门，分别为工业劳动部、新加坡迎接中心、市场传播部和全球运营中心。其中全球运营中心设有新加坡总部及多个全球分部，包括北美分部、悉尼分部、印度分部、欧洲分部、首尔分部、中国分部。六个分部共下辖12个办事处，随时了解当地的人才动态[127]。

通过这些遍布全球的机构，"联系新加坡"为有意到新加坡发展的全球精英（包括海外新加坡人）以及到新加坡投资或开拓全新商业活动的个人和企业家提供一站式服务，并定期在世界各地举行人才选拔会、宣讲会，开展各类项目以吸引全球专业人士、学生、投资者等。目前，新加坡政府推广的重点行业包括：生物医药科学、化工、清洁能源、工程服务、互动数字媒体等。

通过"联系新加坡"这一专门的人才引进机构，新加坡在全球范围内架起了为海外新加坡人和国际人才服务的网络。作为国家猎头，"联系新加坡"无疑是成功的，因为它很快建立起了世界范围的潜在人才数据库，并与数据库内的人才保持定期联络，这对实现其吸引更多的国际人才到新加坡工作生活的目标是非常有利的。

c. 聚集国际猎头公司

新加坡作为亚太地区的商业和金融中心，已经成为众多国际猎头公司的重要基地。这种聚集效应不仅反映了新加坡在全球人才市场中的战略地位，也体现了其作为区域人才枢纽的吸引力。许多全球知名的猎头公司，如光辉国际（Korn Ferry International）、海德思哲（Heidrick & Struggles）、史宾沙咨询公司（Spencer Stuart）、华德士（Robert Walters）等，都在新加坡设立了区域总部或重要分支机构。这些公司为新加坡及整个亚太地区的企业提供高端人才招聘和管理咨询服务[128]。

新加坡吸引国际猎头公司的原因多样。首先，新加坡拥有稳定的政治环境和完善的法律体系，为这些公司提供了可靠的经营基础。其次，新加坡的战略地理位置使其成为连接亚洲各国市场的理想平台。此外，新加坡政府积极推动的人才政策，如前文提到的ONE Pass和COMPASS等，为猎头公司创造了有利的业务环境。

这些国际猎头公司的服务范围并不仅限于新加坡本地市场，而是扩展到整个东南亚乃至更广泛的亚太地区。它们利用新加坡的地理优势和商业网络，为区域内的跨国公司和本地企业提供人才解决方案。同时，这些公司也积极参与新加坡的人才发展计划，与本地教育机构和政府部门合作，培养符合市场需求的高端人才。

国际猎头公司的聚集也带动了相关产业的发展，如人力资源咨询、职业培训等。这种生态系统的形成进一步巩固了新加坡作为区域人才中心的地位。同时，这些公司的存在也为新加坡本地的人力资源专业人士提供了宝贵的国际化工作机会和经验。

d. 吸引跨国公司总部

新加坡作为国际金融和商业中心，其吸引跨国公司总部设立的能力主要得益于一系列精心设计的政策和战略，其中总部计划[129]（Headquarters Programme，简称HP）是其中的关键举措。

总部计划是新加坡政府为了吸引跨国公司在其境内设立区域总部和国际总部而推出的一项激励措施。该计划通过提供税收优惠，如对符合条件的区域总部（RHQ）提供3年免税期和额外2年的税收减免，以及对国际总部（IHQ）提供更低税率（0%、

5%或10%），显著降低了企业的税务负担。此外，新加坡政府还签署了广泛的自由贸易协定、避免双重征税协定和投资保护协定，进一步增强了其在国际商业中的吸引力。新加坡吸引跨国公司设立总部的其他因素包括以下几个方面：

优越的地理位置：新加坡位于东南亚的心脏地带，是连接东西方的战略枢纽，便于跨国公司进行区域市场拓展。先进的基础设施：新加坡拥有现代化的港口、机场和通讯网络，为企业的全球运营提供了便利。高效的行政和商务环境：新加坡政府提供高效的行政服务和快速的审批流程，降低了企业的运营成本。多元化和包容性文化：新加坡的社会文化环境多元，对外来企业友好，有利于跨国公司吸引和留住全球人才。稳定的政治和经济环境：新加坡的政治稳定和经济繁荣为跨国公司提供了可靠的投资保障。

通过总部计划，新加坡不仅成功吸引了包括微软、苹果、谷歌等在内的全球知名企业设立总部，还吸引了众多亚洲企业将新加坡作为国际化的重要平台。这些举措共同构成了新加坡吸引跨国公司总部的强大吸引力，使其成为全球企业布局的重要目的地。

e. 吸引全球投资

新加坡的"全球商业投资者计划"（Global Investor Program，GIP）[130]是一项精心设计的移民政策，旨在吸引全球高净值个人和企业家通过投资新加坡本土企业或设立家族办公室等方式，为国家的经济多元化和发展贡献力量。该计划提供了三种投资途径，包括直接投资250万新元于新企业或现有企业、投资经批准的GIP基金和设立家族办公室管理至少2亿新元的资产。申请者需具备成功的创业背景、良好的商业往绩以及创新能力，以确保其能为新加坡带来实质性价值。GIP的成功不仅体现在为新加坡带来了巨额资金，还在于引入了国际商业网络和经验丰富的企业家，推动了新加坡在高科技和可持续产业领域的发展。这一计划体现了新加坡在全球范围内吸引顶尖人才和资本的战略眼光，为国家的长期繁荣和保持竞争力提供了坚实基础。

f. 打造国际化知识中心

在新加坡，政府通过打造世界一流大学、建立国际化知识中心、联合各所高校设立多项国际生奖学金项目，吸引全球各地的师资和科研人才，以及优秀的留学生作为人才储备[131]。新加坡在设立研究中心、集聚国外一流科研机构上也付出了极大的努力。新加坡的研究中心覆盖信息通信、纳米技术等多个科技领域，吸引了包括本地研究人员及来自欧美和亚太地区的专家在内的各类人才。新加坡还十分注重大学与科研机构的国际化，新加坡与许多知名大学如麻省理工学院及约翰·霍普金斯大学等建立了合作关系。新加坡政府在不断提升自身高等教育水平的同时，也通过提供高额奖学金吸引海外留学生赴新留学。目前新加坡政府针对外籍学生的奖学金主要有：新加坡奖学金、东盟国家奖学金、ASTAR印度青年奖学金、香港奖学金、SM（Senior Middle School）奖学金等。除了上述政府部门设置的奖学金外，新加坡还有诸多由企业、社会团体设置的针对外籍学生的奖学金，如SIA青年奖学金、吴庆瑞奖学金等[132]。

g. 实施税收优惠政策

政府除了为外来人才进入新加坡提供政策支持之外，还实施了一些相当具有吸引力的优惠措施，低税率政策就是其中之一。新加坡的低税率是吸引全球富人定居新加坡的重要原因。无论是总体税负水平，还是个人税负水平，新加坡税率在全球都处于低水平位置[133]。

新加坡实施的一系列税收优惠政策，旨在吸引国内外投资者，促进经济增长和创新发展。这些政策包括低企业所得税率、税收抵免、研发补贴和资本利得免税等。新加坡的企业所得税率相对较低，最高为17%，对于特定的收入如境外分红和资本利得，还可以享受更低的税率甚至免税待遇。此外，新加坡还与90多个国家签订了双重税收协定，有效避免了国际双重征税问题。政府还推行了研发税收抵免和资本支出税收抵免等激励措施，鼓励企业投资研发和设备更新。这些税收优惠政策不仅降低了企业的税务负担，还促进了技术创新和产业升级，为新加坡的经济持续健康发展提供了有力支撑。

h. 积极引进国际人才，提高新加坡国际竞争力

新加坡引进国际人才的主要措施和手段有：

①新加坡政府从20世纪80年代开始就制订了一套详细的移民计划，现在已经成了一个规范化的制度。先是根据对新加坡人才库的动态分析，由政府的相关部门提出国家对各领域人才需求的拟案，同时制定与其配套相关的政策措施来引进必须人才。

其次是创建人才服务机构。除了政府的服务机构以外，由政府授权的社会组织机构也可以参与服务人才引进的相关事宜。最后，根据新加坡人才市场的变化，有针对性地吸收海外技术移民与投资移民。

②新加坡政府提出要用最优惠的政策、最好的待遇、最好的工作环境和最有挑战的工作来吸引最优异的海外人才。一些比较具体的优惠政策是：企业和公司在招聘、培训人才方面的支出可以享受减税，由此促进企业加强人才的培训工作和提高人才的居住环境与待遇。

③新加坡通过提供奖学金等鼓励手段，把国外一些优秀的大学生吸引到新加坡就读并培养，还和学生签订毕业之后为新加坡至少工作服务5至6年的协议。而且新加坡政府十分重视吸引来自发展中国家的优秀人才到新加坡留学，不仅引进已经有一定成就的人才，还注意引进可塑型人才。

（4）北京

近年来，北京市依托中关村国家人才管理改革试验区，探索实行更积极、更开放、更有效的国际人才管理新机制，努力构建具有国际竞争力的人才制度优势，整合利用全球创新要素和人才资源，加快打造世界高端人才聚集之都。

a. 推出支持北京创新发展20项出入境政策措施

2015年12月，公安部出台了20项支持北京创新发展的政策措施，于2016年3月1日起实施[134]。这些出入境政策措施涉及外国人签证、入境出境、停留居留、永久居留等各个方面，是公安部落实人才强国战略、促进创新驱动发展、深化出入境改革的又一项重要举措。其中10项政策措施系根据中关村创新发展定位、特点和实际需求量身打造，并在中关村先行先试。这10项政策措施针对四大类外籍人才（即外籍高层次人才、留学归国创业外籍华人、创业团队外籍成员、外籍青年学生），提供永久居留、口岸签证、长期居留许可等出入境便利。主要内容包括：为符合认定标准的外籍高层次人才设立申请永久居留"直通车"；公安部在中关村设立外国人永久居留服务窗口，并缩短审批期限；对中关村市场化国际人才申请永久居留实施积分评估制度；对中关村创业团队外籍成员和企业选聘的外籍技术人才提供办理口岸签证和长期居留许可的便利;对具有博士以上学历或在中关村长期创业的外籍华人提供申请永久居留的便捷通道;允许境外高校外国学生在中关村短期实习;允许在京高校外国留学生在中关村进行兼职创业等。这些出入境政策聚焦重点人群和关键环节,有效解决制约国际人才集聚的政策瓶颈,使国际创新人才成为中关村链接全球创新有机网络的纽带。

b. 出台"中关村国际人才20条"

2018年2月10日,中组部等5部委联合北京市委、市政府发布《关于深化中关村人才管理改革构建具有国际竞争力的引才用才机制的若干措施》,即"中关村国际人才20条"[135]。该政策旨在加快构建具有国际竞争力的引才用才机制,力争将中关村示范区打造成发展环境接轨国际、国际精英迁移便捷、高端智力集聚有效、创新创业活跃繁荣的国际人才发展"软口岸"。该政策是继续发挥中关村"试验田""排头兵"作用的一次重要举措,进一步健全了海外人才供需精准对接机制,推动了"国际人才社区"和集聚海外人才"类海外"环境的建设,为北京市提升国际人才竞争比较优势、加快建设具有全球影响力的科技创新中心提供有力支撑。

一是在便利国际人才出入境方面,提出了5条政策。

这些政策主要是解决"进得来"的问题,涉及国际人才申请永久居留、便捷出入境以及长期居留许可等,是对中关村先行先试出入境政策的进一步深化,使国际人才更方便地往来与居住生活,更加便捷地迁移。

例如,在申请永久居留方面,在之前中关村外籍高层次人才及其配偶子女享受永久居留"直通车"政策的基础上,该政策允许中国籍高层次人才的外籍配偶及子女,也可以通过"直通车"程序申请永久居留,这样就实现了对高层次人才及其家属的全覆盖,政策更加彰显人文关怀。

在便捷出入境方面,考虑到来京的外籍知名专家学者及中关村企业海外分支机构外籍员工,主要以短期签证入境,每年多次入境需频繁办理各种手续,程序较为繁琐,这次的政策创新允许来中关村的外籍知名专家学者以及中关村企业的境外员工,换发多次入境有效的访问签证,为外籍专家学者到中关村高校院所、科研机构交流访问提供极大便利,为中关村企业国际化发展提供良好的政策支撑。对来京探亲等处理私人事务的外籍华人也签发5年以内多次出入境有效签证。

二是在开放国际人才引进使用方面，提出了6条政策。

这些政策主要是解决"留得下"的问题，在国际人才担任法人、承担科技项目以及提名政府奖项资格等方面实现了突破，同时在"海聚工程"、海外人才聘任、博士后培养等方面开展试点探索。进一步开放国际人才引进、使用的领域，有利于更多的外籍高层次人才发挥作用，深度参与北京市科技创新中心建设。

例如，为进一步落实中央"聚天下英才而用之"的要求，本次提出允许取得永久居留资格的国际人才在中关村示范区内担任新型科研机构法定代表人的相关政策，增强了对新型科研机构直接引进外籍顶尖人才，争取国际科技竞争主导权的政策支持。同时，试点建立与国际接轨的公共部门外籍雇员管理方式和体系。

在承担科技项目方面，为进一步激发国际人才参与我国科技创新的积极性、主动性，该政策允许取得永久居留资格的外籍科学家领衔承担中关村示范区内国家科技计划项目，同时支持外籍高层次人才领衔承担北京市科技计划项目。政策实施有利于扩大国际人才在科研领域发挥作用的空间，提升国内部分领域的科研水平。

三是在支持国际人才兴业发展方面，提出了4条政策。

这些政策主要是解决"干得好"的问题，主要是通过营造更加开放高效的引才用才环境，加强中关村区域国际人才的交流合作，通过市场化的手段从全球引才，推动形成良好的国际人才创新创业氛围。

例如，本次提出在中关村示范区内建立国际人才合作组织、举办国际人才大会等相关政策，通过发挥这些市场化国际人才交流平台的作用，来增强联系和集聚国际人才的能力，提升中关村在国际人才交流合作中的影响力。

在支持人才中介机构特别是国际人才中介机构发展方面，提出了创新人力资源服务业监管措施、降低外商投资设立人才中介服务机构的准入门槛、鼓励更多国际知名人才中介服务机构在京发展等政策，有利于引进更多国际人才到中关村来创新创业、实现梦想，进一步优化北京人才结构，提升人才国际化发展水平。

四是在加强国际人才服务保障方面，提出了5条政策。

这些政策主要是解决"融得进"的问题，涉及国际人才住宿简化登记、便利体检、保险保障和子女教育以及一站式服务平台的设立等，这些都将为国际人才更快实现社会融入,安心发展提供保障。

例如,本次提出简化国际人才办理住宿登记手续的政策,对在京有稳定住所或固定工作单位的国际人才,实现便捷化网络登记等,以此节约时间和成本,更好地吸引经常往返中国与海外的国际人才。

在保险保障方面,支持相关保险机构开发设立针对国际人才的保险产品,这主要是考虑到国际人才频繁往来于国内国外的现实,据此推出更多符合他们需求的健康保险、医疗保险等产品,从而更大程度地消除他们的后顾之忧,为国际人才安心在京发展提供有力保障,吸引更多国际人才来中关村发展。

c. 推进海外人才创业园建设

近年来,北京积极推进海外人才创业园的建设,以吸引全球高层次人才和创新项目,推动经济转型与产业升级。根据北京市人力资源和社会保障局的数据,截至2023年底,北京已建立多个海外人才创业园,如中关村海外人才创业园和亦庄国际人才创业园[136]。这些园区不仅提供优越的办公环境和基础设施,还为入驻企业提供政策支持、资金扶持和融资服务。

2021年发布的《关于进一步加强中关村海外人才创业园建设的意见》[137]中明确提出,会加大对创业园区的政策支持力度,如设立专项资金,为团队和项目提供创业资金支持。此外,园区内还建立了"海外人才绿色通道",简化签证和创业流程,以确保海外人才能无障碍地进入园区并开展项目开发。

这些政策举措不断提升服务海外人才和海外人才创业企业的能力,全方位培养、引进、用好人才,聚天下英才而用之,为中关村建设世界领先科技园区和创新高地、为北京建设国际科技创新中心提供人才保障。

d. 打造国际人才社区

为优化首都人才发展环境、提高北京吸引集聚国际人才的能力,北京市人才工作领导小组在朝阳望京、中关村大街、未来科学城和新首钢地区四个区域试点建设首批国际人才社区,打造有海外氛围、有多元文化、有创新事业、有服务保障、有宜居生活的特色载体,为国际人才创新创业搭建良好的承载平台,提供职住一体的生活配套,确保人才引得进、留得住、用得好。目前,首都国际人才社区建设已经列入《北京城市总体规划（2016年—2035年）》[138]，市级层面印发了《关于推进首都国际人才社区建设的指导意见》[139]，区级层面已同步出台实施方案，并具体开展建设运营、服务管理等工作。

目前，北京市加快国际化人才社区的建设，进一步优化首都世界高端智力引才用才的地方品质。在国际化人才社区中将提供包括医疗、住房、子女教育等全方位保障，为国际人才提供优良生活环境，让他们在北京安居乐业，深度参与到北京全国科技创新中心的建设中。

e. 北京市便利高层次国际人才的出入境新举措

2019年8月2日，北京市公安局出入境管理部门实施了三项新的出入境便利措施，旨在吸引和便利外籍高层次人才在京工作和创新创业，这是当时首次在京实施的政策[140]。在国内重点高等院校、科研院所和知名企业工作的外籍高层次人才，经工作单位和兼职单位同意并向公安机关出入境管理部门备案，可兼职创新创业；国内知名企业和事业单位邀请来中国实习的境外高校外国学生，凭邀请单位函件和高校就读证明等材料，可向公安机关出入境管理部门申办有效期1年的签证进行实习活动；根据政府间协议来华实习的境外高校外国学生，可按规定申办工作类居留许可。

其中，政策放宽了外籍高层次人才在京创新创业的条件，允许他们兼职创新创业，以促进科技创新和经济发展。为国际人才提供了更加便捷的出入境服务，包括快速办理签证证件和在华永久居留的申请。通过建立移民事务服务中心（站点），为常住外国人提供政策咨询、居留旅行、法律援助、语言文化等社会融入服务，增强国际人才的归属感和满意度。明确了签证证件的办理时间，提高了办理效率，外籍高层次人才签证证件自受理次日起3个工作日办结，永久居留申请审批期限为50个工作日，中关村外籍高层次人才永久居留申请审批期限更短。这些措施的实施目的都在于简化和加快外籍高层次人才的签证、居留和创业审批手续，从而增强国际人才的归属感和满意度，进而促进科技创新和经济发展。

f. 积极推行外国专家来华邀请函政策及特殊签证制度

2018年1月，北京市启动了国际人才签证（R字签证）制度的试点工作[141]。这一政策旨在为具备"高精尖缺"特质、能够满足市场需求的外籍高层次人才和紧缺人才提供便利。其具体包括各类科学家、科技领军人才、国际企业家、专门人才和高技能人才。根据这一政策，符合条件的外国高端人才可以申请R字签证，该签证的有效期在5年至10年之间，持有人可在签证有效期内多次入境中国，每次停留时间最长为180天。同时，持有R字签证的国际人才的配偶及未成年子女也将同步获发相应种类的签证，且有效期与R字签证相同。根据相关法规，申请R字签证的外国高端人才必须首先持有由省级外国人工作管理部门出具的《外国高端人才确认函》。按照规定，各省级外国人工作管理部门需在5个工作日内完成申请人的资质确认并出具确认函。然而，北京市人力社保局外专中心通过优化服务流程，压缩了资质审批时间，最快可在2个工作日内办结资质确认，极大提高了办证效率。这样，外籍高层次人才在北京市办理人才签证，最快只需5个工作日。

根据国家外专局等四部门发布的《关于全面实施外国人来华工作许可制度的通知》（外专发〔2017〕40号）[142]，北京市从2017年起在《外国人来华工作分类标准（试行）》的基础上进一步细化和扩充了外国高端人才（A类）和外国专业人才（B类）的认定范围，启动了外籍"高精尖缺"人才认定标准试点工作。具体而言，北京市依据《北京市外籍"高精尖"人才认定标准（试行）》和《北京市外籍"急需紧缺"人才岗位目录（试行）》两个文件，详细列出了符合条件的高端和专业人才类型，能够吸引更多具有国际竞争力的顶尖人才和急需紧缺人才来京工作，满足北京市经济社会快速发展的需求。外籍"高精尖"人才是指在科学技术、工程和技术、现代服务业等领域中具备高深专业知识和高级管理经验的国际顶尖人才，而"急需紧缺"人才则指在北京市重点发展的产业领域中，因国内人才供给不足而急需引进的国外专业技术和管理人才。

g. 积极在自贸试验区和示范区专门设置人才目录

2022年，北京市人力资源和社会保障局发布通告[143]。根据通告中的《国家服务业扩大开放综合示范区和中国（北京）自由贸易试验区建设人力资源开发目录（2022年版）》，用人单位聘用符合目录需求的国际人才，将在工作许可和项目资助方面获得优先考虑。具体而言，政策对年龄、学历或工作经历的限制有所放宽，灵活度大大增加，使得更多外籍高端人才能够顺利获批来华工作。此外，对于符合条件的国际人才，在工作许可时限上也给予了更多的优待。例如，允许这些人才申请较长时间的工作许可，从而减少频繁续签的麻烦，增强他们在北京市长期发展的意愿和信心。该政策通过优化国际人才的引进和管理，提高了北京市作为国际人才中心的吸引力和竞争力。这一措施不仅有助于吸引更多符合《国家服务业扩大开放综合示范区和中国（北京）自由贸易试验区建设人力资源开发目录（2022年版）》规定的外籍高层次人才和紧缺人才，还能为北京市服务业和自贸试验区建设提供人才保障，进一步推动北京市经济高质量发展和产业结构升级。

h. 加快与境外地区职业资格的国际互认

为了进一步吸引国际高端人才和促进职业资格国际互认，北京市人力资源和社会保障局、北京市人才工作局联合相关行业主管部门，共同制定并发布了《北京市境外职业资格认可目录（3.0版）》[144]。这一目录详细列出了可以在北京市获得认可的境外职业资格，并支持和鼓励持有这些资格的专业人员来京创新创业。《北京市境外职业资格认可目录（3.0版）》涵盖了122项境外职业资格，涉及多个专业领域。这一政策的亮点之一是北京连续四年编制发布"两区"建设人力资源开发目录，不断优化和调整目录内容，以适应北京市经济和产业发展的需求。具体措施包括提供国际专业人员来京便利服务，着力吸引急需紧缺专业人员来京工作，放宽部分领域的执业限制，推进资格互认，同时建立证书查询验证服务渠道，并完善目录的动态调整机制。通过这一政策，北京市不仅为国际高端人才提供了更加便利的职业发展环境，也加强了国际职业资格的认可，促进了人才的跨国流动。这一政策不仅有助于引入更多具有国际经验和高级技能的专业人士，也为北京市建设国际化、专业化的高端人才队伍提供了有力的支撑，推动北京成为全球人才集聚的高地和创新创业的热土。

2024年，北京市积极探索国际互认职业证书平台的搭建，推动国际人才交流，扩大城市影响力。北京市人力资源和社会保障局、北辰集团与国际大会及会议协会（ICCA）签署职业资格认证合作协议，标志着中国会展业首个职业资格证书国际互认项目的启动[145]。三方将共同开发课程体系，实现国内外双认证，提升会展行业专业人才的国际竞争力，推动北京及全国会展行业的高质量和可持续发展。签约合作事项还包括国际人才交流，共同研究会展对中国及亚太经济的影响。

（5）上海

a. 成立全国首个海外人才局

2017年6月16日，浦东新区海外人才局揭牌成立，这是全国首个以"海外人才局"命名的政府机构[146]。新区海外人才局设在新区人力资源和社会保障局，下设"一处一中心"，即海外人才工作处和海外人才服务中心。该机构主要负责海外人才政策的拟定和宣传，外国专家管理，外国人来华工作许可的受理、审批和监管，留学人员及港澳台人员来浦东创业就业，认定、推荐符合标准的外籍高层次人才直接申请永久居留，引进国外智力以及高层次人才服务等。

机构自成立以来，取得一系列工作成效。一是承接外国人来华工作许可审批。制定了《浦东新区外国人来华工作许可审查工作细则》，形成了预审、受理、审查、审批全流程操作路径；建立了"海外人才工作处"与"海外人才服务中心"协同受理、审批的工作机制；优化审批流程，缩短了审批期限，外国人A类证件审批期限由原来的5日缩短为3日。二是做好自贸试验区外籍高层次人才直接申请永久居留的认定、推荐工作。制定了自贸试验区外籍高层次人才的认定标准、认定流程，形成了《中国（上海）自由贸易试验区推荐外籍高层次人才申请在华永久居留的认定管理办法（试行）》。三是研究制定自贸试验区顶尖科研团队外籍核心成员申请在华永久居留的认定细则。牵头制定了顶尖科研团队的认定标准，结合浦东新区鼓励发展产业，将部分国家级、上海市重点项目的团队列为顶尖科研团队，并明确了申请材料和认定流程。四是降低外国留学生直接就业门槛，并细化了办理流程、申请材料等工作。五是成功举办上海自贸试验区外国留学生专场招聘会。积极做好上海高校本科外国留学生可在自贸区直接就业的政策宣传，首创上海自贸试验区外国留学生专场招聘会，为试验区企业和国际人才搭建了交流平台。六是为张江核心园重点企业开设绿色通道。对张江核心园重点服务的企业进行了需求调查，梳理各单位在国内人才公共服务方面的需求，在居住证积分、人才引进和居转户三项业务上，对核心园的重点单位开设绿色通道。七是加强人才政策的宣传。积极打造线上、线下宣传平台，用线下手册、宣讲，线上网站、微信相结合的方式，宣传浦东的人才政策和人才服务。

b. 便利国际人才办理出入境和停居留

①公安部出台支持上海科创中心建设12项出入境政策

2015年7月，为吸引海内外高层次人才和创新创业人员集聚上海，公安部出台支持上海科创中心建设12项出入境政策措施[147]，并于2015年7月1日起实施。此次12条出入境政策主要有以下几个方面：一是建立市场认定人才机制，为吸引和留住外籍高层次人才创造更具活力的环境。主要有3条政策措施：在原有永久居留政策的基础上，新增以挂钩工资和税收为主导的市场化申请渠道；经上海认定的外籍高层次人才，以及在科创"职业清单"所属单位工作的高级专业人才，工作满3年后，就能够申请永久居留；对外籍高层次人才和行业高级专业人才未持签证来华或持其他签证来华的，均可为他们提供入境和申办人才签证等便利。二是降低准入门槛，为创业初期人员孵化发展构建更为开放的环境。主要有3条政策措施，包括支持外国留学生在我国高等院校应届毕业后直接在上海创新创业，对愿意毕业后在上海创新创业的留学生，不再要求具有2年工作经历，可直接留在上海创业；进一步简化来上海创新创业外国人的入境和居留手续，对身在海外、有意愿来沪创新创业的国际人才，允许申请口岸签证直接入境；扩大长期居留许可签发范围，对第三次申请工作居留许可且无违法违规等问题的，可签发5年以内工作居留许可，使在上海工作的外国人享有更为稳定的居留预期。三是提高专业化服务水平，为海内外人才工作生活营造更加便利的环境。主要有4条政策措施，包括对外籍高层次人才聘雇的外籍家政服务人员签发居留许可，提供居留便利，满足国际人才工作生活需求；优化完善上海（海、陆、空港口岸）、江苏（南京禄口机场）、浙江（杭州萧山机场）三地任一口岸外国人144小时过境免签政策联动，构建更为便捷宽松的商务旅游环境；探索实施外国旅游团乘坐邮轮经上海入境15天免签政策，全力支持发展邮轮经济；公安部和上海市政府建立部市协作机制，持续推动和支持上海科创中心建设。

②公安部出台支持上海科创中心建设出入境政策"新十条"

2016年8月，公安部支持上海科创中心建设的出入境政策10条新措施正式实施[148]。"新十条"显现四大亮点。一是实施不断开放的政策，吸引海外人才创新创业。如第二条政策放宽人才签证的签发范围，第三条政策允许符合条件的国际人才从就业居留向永久居留资格转换时,其随行外籍配偶和未成年子女可以同时申办永久居留,国际人才雇佣的外籍家政服务人员也可在上海口岸申办口岸签证入境。二是实施积极务实的政策,方便外籍华人安居乐业。例如:按照第六条政策,具有博士学位的外籍华人,不需要政府部门或工作单位推荐,可直接申请永久居留;在"双自"或"双创"区内单位工作满4年的,也可申请永久居留,对其学历、职务或工资方面也不再有要求。三是实施优化宽松的政策,对外籍投资者申请永久居留给予倾斜。第八条政策对于申请永久居留的外籍投资者,将投资额度要求从200万美元降低至100万美元。同时放宽投资者认定方式,如该人是以自然人身份作为控股股东对公司企业投资的,也可以提出申请。四是实施灵活便捷的政策,为外国学生就读和创新创业提供便利。如第九条政策覆盖两类外国学生——上海高校在读留学生和境外高校在读外国学生,分别可以按规定加注"创业"和办理实习签证,第十条则为外籍中小学生申请口岸签证和身份转换提供了便利。

③推出"上海出入境聚英计划"

2018年1月16日,公安部、上海市政府在沪召开"公安部、上海市政府推进上海科技创新中心建设合作机制2017年度会议",正式推出"上海出入境聚英计划(2017—2021)"[149]。

根据"上海出入境聚英计划(2017—2021)",在前期出台的支持上海科创中心建设22项出入境政策措施基础上,2018年首批推出三项出入境政策:一是为顶尖科研团队中的外籍核心成员申请永久居留提供便利,即授予顶尖人才自主推荐权,为其组建科研团队提供支撑;二是允许"双自"和"双创"国际人才兼职创新创业,即突破外国人只能在一家单位工作的限制,为国际人才充分施展才能提供更加广阔的舞台;三是为全球外籍优秀毕业生来沪发展提供长期居留和永久居留便利,外籍优秀毕业生凭毕业文凭即可直接申请2年期居留许可,连续工作满3年并满足一定条件的,即可申请永久居留。

c. 发挥人才签证政策作用

2017年11月28日,国家外专局、外交部、公安部联合印发了《外国人才签证制度实施办法》[150]。上海作为首批人才签证试点城市之一,于2018年1月1日起开始实施国际人才签证制度。上海市人才新政20条、30条中均提出"充分发挥R字签证（人才签证）政策作用，扩大R字签证申请范围。扩大外籍高层次人才在口岸和境内申请办理R字签证的范围，为其提供入境和停居留便利。对经上海人才主管部门认定的外籍高层次人才、上海科技创新职业清单所属单位聘雇并担保的行业高级人才或者其他邀请单位出具证明属于高层次人才的，允许其在抵达口岸后申请R字签证，入境后按照规定办理居留许可；持其他签证来华的，入境后可申请变更为人才签证或者按照规定办理居留许可。"

上海市积极推动外籍"高精尖缺"人才认定标准试点工作，加速引进外国高端人才和急需紧缺人才。上海市人民政府根据国家有关部署，积极推进外籍"高精尖缺"人才认定标准试点工作，旨在聚焦上海市重点产业、重点区域及用人主体需求，加快引进外国高端人才和急需紧缺人才。主要措施包括扩充外国高端人才认定范围、更好衔接国际通行标准、探索新的人才评价方式、发布外籍"急需紧缺"人才岗位目录以及推动实施相关配套便利化措施。符合上海市外籍"高精尖"人才认定标准和"急需紧缺"岗位目录的国际人才，尤其是国际奖项获得者、高管、STEM专业博士及顶尖高校毕业生，可以被认定为外籍"高精尖缺"高层次人才。它扩充了认定范围，涵盖更多高级人才，并直接认定近5年内毕业于世界排名前200大学的STEM专业博士及排名前10高校的优秀毕业生。此外对国际人才提供出入境和多方面的保障服务，有效提升其在沪工作的便捷性，吸引更多国际顶尖人才来沪发展。

d. 探索外国留学生毕业后留沪就业、创业、实习

①鼓励外籍高校毕业生来沪就业

2017年6月，上海市人力资源和社会保障局、上海市外国专家局联合下发了《关于外籍高校毕业生来沪工作办理工作许可有关事项的通知》[151]，该通知明确了符合条件的外籍高校毕业生可直接来沪工作。按照通知规定，可直接来沪工作的外籍高校毕业生分为四大类：一是在上海地区高校取得本科及以上学历拟在"双自"地区就业的外国留学生；二是在中国境内高校（非上海地区）取得硕士研究生及以上学历拟在上海就业的优秀外国留学生；三是在国（境）外高水平大学取得本科及以上学历，拟应聘在"双自"地区的跨国公司地区总部、投资性公司和外资研发中心的优秀外籍毕业生;四是在国(境)外高水平大学取得硕士及以上学位拟在上海就业的优秀外籍毕业生。此外,40岁以下在国(境)外高水平大学或中国境内高校从事博士后研究的外籍青年人才可直接以外国高端人才(A类)申请办理外国人来华工作许可。

公安部支持上海科创中心建设出入境政策"新十条"规定在上海高校就读的外国学生,经所在高校同意并出具推荐函,可以申请在学习类居留许可上加注"创业"后,在"双自"区内或"双创"示范基地内单位从事兼职创业活动。在境外高校就读的外国学生,受上海企事业单位邀请前来实习的,可以向上海口岸签证机关申请短期私人事务类"实习"签证,入境进行实习活动;持其他种类签证入境进行实习活动的,也可在境内申请变更为私人事务类"实习"签证。

②鼓励留学人员来上海工作和创业

《鼓励留学人员来上海工作和创业的若干规定》[152]旨在吸引留学人员在上海工作和创业,为他们提供一系列优惠政策及便利服务。政策适用于具有一定条件的留学人员,包括持有国(境)外学位或在国内有学术技术成就的人员,特别指出为国际人才。政策亮点包括提供工作类居留许可或R字签证,快速办理落户及居住证,支持外籍人员参加职称评审、职业资格考试及注册登记,支持社会保险参与及医疗保障待遇,提供金融贷款担保服务及房屋保障,开发适应留学人员的商业医疗保险产品。这些便利措施不仅提升了留学人员的生活和工作条件,也有利于鼓励更多高层次人才在上海创业。

e. 完善"上海市海外人才居住证"政策

2015年7月,上海市印发《上海市海外人才居住证管理办法》[153],该管理办法给予海外人才便捷的居住政策,吸引海外人才来沪工作创业。持有该证的人员将享受在居留、就业创业、社会保险、子女教育、外汇兑换、驾照申领等方面的相关待遇。该规定不仅适用于海外人才本人,对于其配偶和子女也同样给予政策性保障。同年,出台《上海市海外人才居住证管理办法实施细则》。2016年9月,上海市正式发布《关于持有〈外国人永久居留证〉的海外高层次人才直接办理〈上海市海外人才居住证〉的实施办法》[154],在B证持证人现有待遇的基础上,进一步拓展了在长期居留、简化通关、民生保障等多个方面的待遇,不断完善B证政策的覆盖面。例如:持5年有效期B证的国际人才，可向市公安局申办5年有效期的工作类居留许可（加注"人才"），工作满3年后，经工作单位推荐申请《外国人永久居留证》。持有效B证的海外高层次人才，可简化手续，由市人力资源和社会保障局出具高层次人才证明；以个人随身携带、分离运输、邮递、快递等方式进出境科研、教学和自用物品，海关给予通关便利。对其随身携带的进出境物品，除特殊情况外，海关可以不予开箱查验。持有效B证人员在本市就业期间，按规定参加社会保险后，单位和个人缴纳基本养老和医疗保险的缴费年限可累计计算；工作发生变动时，可转移接续。符合条件的，依法享受社会保险待遇。持B证人员在与单位协商一致的基础上可按本市现行规定缴存住房公积金，用于购房、自住住房的房租或物业费等住房消费。与本市用人单位解除或终止劳动（聘用）关系的，可按规定办理住房公积金账户的封存、转移等手续。

f. 建立自贸试验区海外人才离岸创新创业基地

2015年，上海提出要把海外人才离岸创新创业基地建设成为面向海外人才，通过市场化手段，构建低成本、便利化、全要素、开放式、配套成熟完善的空间载体，探索"区内注册、海内外经营"的离岸模式，打造具有引才引智、创业孵化、专业服务保障等功能的国际化综合性创业平台[155]。从形态上来看，目前上海开展的离岸创新创业基地，主要有以下几种：

第一个是美国机械制造技术协会（AMT）的"预孵化"案例[156]。其离岸创新创业模式主要特点是：一是聚焦的对象是该协会的会员，主要是注册的机械领域中小企业主和创业者，目的是打开中国市场，在中国市场开展经营活动，实现创业成功。同时，该协会在自贸试验区保税区域建立公共办公室、固定办公室，为初来乍到的美国创业者提供创业空间。二是充分利用试验区离岸或保税优势开展"预孵化"。离岸创业的外国人一方面可以依托这个平台，利用境内关外的政策，降低关税及相关证明申请的成本，另一方面还可以利用平台，向更多国内客户展示、试用设备，销售活动范围甚至可以扩展到全国各地，直到销售成功、创建在华公司或分公司。

第二个是自贸试验区"科创1号"国际孵化器案例[157]。自贸试验区"科创1号"包含了多个平台的集成，为探索具有离岸性质的创新创业活动提供了基础平台。它所提供的离岸创新创业服务，主要有两个类别：一是区内注册、海外经营，主要是国内创新创业人才及企业，利用离岸政策，使用创新创业资源，开展创新创业。例如，国内创新创业企业、人才，利用在保税区内的免关税国际研发设备、耗材以及离岸账户（资本）等资源，更高效、更低成本地开展创新创业。其中，国内创新创业人才注册地虽然在国内，但在保税区内的创新创业资源属于境内关外（视同离岸），在保税区内开展活动，视同离岸经营，属于"区内注册，海外经营"模式。二是海外注册、区内经营。主要是在海外注册的创新型企业、人才，在保税状态下，通过先进技术、创新成果开展模式满足中国及全球市场需求。

g. 深化"双自联动"建设国际人才试验区

①深化双自地区人才建设

2015年11月，上海市出台《关于加快推进中国（上海）自由贸易试验区和上海张江国家自主创新示范区联动发展的实施方案》[158]，首次提出要实施首席科学家集聚工程，围绕战略性产业培育、重大科技攻关领域，面向全球引进首席科学家等高层次科技创新人才，为国内外首席科学家提供专业实验室定制服务。同时，上海将支持企业、高校和科研院所等以跨境项目合作方式吸引外国科学家及团队提供智力服务，支持有条件的国内人力资源服务机构与国外机构合作设立境外分支机构，帮助国内企业积极参与国际人才竞争与合作。除此之外，方案还提出"创新对海外高层次人才的服务管理模式。在外国人出入境办理工作中，加快搭建政府部门间外国人信息共享平台，试行外国专家证、就业证、居留证等三证一口受理、一口办结办证模式。完善外国留学生在我国高等院校应届毕业后，直接在自贸试验区和张江示范区就业或创新创业服务举措。探索对持有外国人永久居留证的外籍高层次人才在创办科技型企业等创新活动方面，给予中国籍公民同等待遇。规划建设一批配套完善、环境优美的面向海内外高层次人才的国际社区。加快引进国际知名医疗机构和教育机构，鼓励社会资本投资高端和涉外教育医疗机构，实施海外人才在沪就医使用国际商业医疗保险结算制度。充分发挥自由贸易账户作用，简化外汇结汇手续，满足国际人才的金融服务需求。"

除此之外许多政策还发挥了"双自"地区、"双创"基地在评估和认定人才等方面的作用，使"双自"地区、"双创"基地急需的高层次人才在签证、居留、永久居留方面享受到最大的便利。例如《支持上海科创中心建设出入境"新十条"》提出:"双自"区内工作的外籍高层次人才可通过单位向"双自"管委会申请推荐,并凭管委会推荐函直接向出入境管理局申请永久居留。具有硕士以上学位的,或由"双自"和"双创"企业、高校和科研院所等单位聘雇或邀请的国际人才,可申请口岸人才签证或入境后变更为人才签证。在"双自"或"双创"区内单位工作满4年的外籍华人及其外籍配偶和子女,也可以申请永久居留,对其学历、职务或工资方面也不再有要求。

②允许自由贸易区国际人才兼职创新创业

《中国(上海)自由贸易试验区国际人才申请〈外籍人才确认函〉的实施细则(试行)》[159]旨在推进自由贸易试验区及科技创新中心建设,允许国际人才在自由贸易试验区内兼职创新创业,政策明确国际人才在主工作单位同意下可在上海自由贸易试验区及双创示范基地内兼职创新创业。适用对象为在上海自由贸易试验区内的企事业单位工作,同时又在"双自"区、"双创"示范基地内兼职创新创业的国际人才,且需满足持有A类外国人来华工作许可证、所在单位及兼职单位均具有独立法人资格等条件。这样的操作简化了申请流程,通过为国际人才提供《国际人才确认函》,增加在上海工作的吸引力及便利性,支持国际人才参与科技创新和经济发展,促进国际人才交流合作,提升政策的吸引力和宽度。

h. 加快境外资格认定,落实人才吸引政策

上海市人力资源和社会保障局联合相关部门推出境外职业资格证书认可清单,通过《上海市境外职业资格证书认可清单》[160]为持有境外职业资格证书的人员提供便利保障和职称比照认定。此政策适用于持有该清单中职业资格证书的外籍人员、港澳台人员及其他在上海合法工作的人员。政策内容涵盖A类和B类项目持证人员的便利服务,包括工作许可、居住证加分、人才安居保障、落户绿色通道及认定职称,C类项目持证人员可直接申报认定相关职称类别。政策亮点包括为A类和B类持证人员提供多项人才服务,如增加居住证积分、人才安居等。政策还动态调整清单内容,保持与产业发展和人才需求的实时适应,建立统一的查询验证平台,确保证书的真实性,加大行业主管部门和企事业单位对持证人员的支持,从而促进人才流动和产业发展。

(6) 广东省

①广东省实施国际人才出入境便利政策

为更好解决国际人才出入境和停居留不便的问题，广东省积极争取公安部支持，自2016年8月1日起在广东省实施支持广东创新驱动发展和自贸试验区建设的16条出入境政策[161]，在国际人才申请永久居留、延长居留期限、办理签证、过境免签、聘雇外籍家政服务人员等方面提供更多便利。这16条政策与以往出入境政策相比有很大突破，针对性、创新性较强。例如：简化广东自贸试验区认定人才申请永久居留手续，加快审批进程；为外籍华人申请永久居留实施便利政策，为申请签证和居留证件的外籍华人提供特殊通道；允许工资收入和纳税达到规定标准的外国人申请永久居留；支持外国留学生在我国高等院校（含港澳地区的高等院校）毕业后在广东省创新创业；允许外籍高层次人才和港澳台高层次人才聘雇外籍家政服务人员；允许在广东出生或原户籍为广东的外籍华人申请办理5年以内签证、居留证件；允许因紧急事由来粤就读的中小学校外国学生，申请口岸签证和居留证件；降低自贸试验区外国投资者申请绿卡的门槛，等等。

广东省实施的最新出入境政策文件是由国家移民管理局发布的《关于进一步调整优化若干出入境管理政策措施的公告》[162]。该公告自2023年5月15日起执行，主要包括以下几项措施：全面恢复实行内地居民赴港澳团队旅游签注"全国通办"，允许内地居民向全国任一公安机关出入境管理机构提交赴香港、澳门团队旅游签注申请，申办手续与户籍地一致。实施内地居民申办赴港澳地区探亲、工作、学习证件"全国通办"，允许因探亲、工作、学习等事由拟前往港澳地区的居民向全国任一公安机关出入境管理机构提交相应签注申请；调整在澳门就读的内地学生逗留签注有效期，签发的逗留签注有效期将与在澳门就读的学习期限一致；全面恢复口岸快捷通关，允许符合条件的中国公民、外国人、机组人员通过边检快捷通道通行。

为服务外国人来华旅游，支持广东自由贸易试验区和广东创新驱动发展先行省建设，公安部批复广东实施外国人144小时过境免签政策[163]。2024年5月1日起，53个国家持有有效国际旅行证件和144小时内确定日期、座位前往第三国（地区）联程客票的人员，在广东省行政区域内实施过境免签政策。过境外国人可选择从广州白云机场、深圳宝安机场、揭阳潮汕机场空港口岸中的任一口岸入境,从广东省具备客运功能的32个对外开放口岸中的任一口岸出境。政策解决了外国人来华过境签证的问题,更进一步地刺激了文旅服务业的发展,也让外国人更全面地了解中国。

②全面实施外国人来华工作许可制度

广东省全面实施外国人来华工作许可制度,对来粤工作外国人实行归口管理,并下放至各地级以上市办理[164]。广东省探索推进差异化、精细化、个性化的国际人才分类管理服务模式,进一步优化国际人才管理服务机制,进一步补齐外国专家(外专)机构建设短板,实现了"六个统一":统一管理职能,由外专部门实施;统一审批流程,使用全国统一的外国人来华工作管理服务系统;统一证件名称,将原《外国人就业证》和《外国专家证》整合为《外国人工作许可证》;统一评价标准,对来华工作外国人实行分类管理,即A类外国高端人才、B类外国专业人才、C类其他外国人员,鼓励引进A类人才;统一申请情形,精简申请材料,提交材料数量压缩近一半,符合条件的外国高端人才可在境内直接申请;统一提升服务,采用"承诺制"和"容缺受理"便利措施,为外国高端人才开辟"绿色通道",其工作资历证明、最高学位(学历)证书及无犯罪记录证明还可采用承诺制。工作许可申办、延期、注销等办理时间由10个工作日缩短为5个工作日,工作许可期限最长可达5年。

广东省在实施外国人来华工作许可制度方面进行了进一步的优化和更新。根据2022年3月22日广东省人民政府门户网站的信息,广州市科学技术局发布了《关于进一步优化外国人来华工作许可办理的若干措施》[165],实行外国人工作许可资质互认,允许境内外国人直接办理工作许可证。已取得粤港澳大湾区内地其他城市工作许可的外国人,在广州办理工作许可时,可以按原许可认定类别直接办理工作许可证,无须提交特定证明文件。

此外,外国人来华工作许可的办理流程已实现全流程网上办理,并采用"承诺+告知制"实施不见面审批[166]。审批通过后,新办A类外国人工作许可证可以直接领取证件,而B类/C类需提交纸质材料核验后领取。持有效签证的外国人经用人单位聘用后,可以在境内直接办理《外国人工作许可证》。这些措施大大简化了办理流程,提高了效率。同时,根据广东政务服务网公布的相关信息,外国人来华工作许可的受

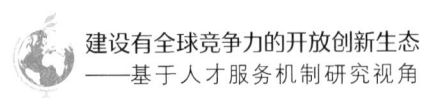

理标准和办理流程都有详细的指南和说明。申请材料清单也已电子化,部分材料已关联电子证照,以方便提交和审批。

③积极推行外国专家来华邀请函政策及特殊签证制度

2015年11月起,外国专家来华邀请函政策实施,来粤从事管理、技术、科研、教学、指导、咨询等工作不超过90天的外国专家,免办工作许可、工作签证和居留许可手续,只需聘请单位向省以及设区的市外专部门提出申请,凭外专部门签发的邀请函,向我国驻外签证机关申请短期来华F字签证来华短期工作[167]。具有紧急入境需要但未能在驻外签证机关办理签证的短期来粤外国专家,可以凭《外国专家来华邀请函》到广东省口岸签证机关办理停留时间不超过30天的F字签证。《外国专家来华邀请函》政策与各类海外专家短期来粤项目计划相结合,打出了柔性引才"组合拳",极大地方便了外国专家短期来粤工作交流。

广东省针对国际人才办理人才签证(R字签证)的政策不断优化,以吸引和便利更多高层次人才来粤工作。《关于进一步促进科技创新的若干政策措施》第三条提出[168],外籍高层次人才和急需紧缺人才可凭科技(外专)部门签发的确认函,直接向我国驻外签证机关申请有效期最长10年、每次停留时间最长180日的R字签证。此外,这些人才的配偶和未成年子女也可以办理有效期相同、多次入境的相应种类签证。对于需要紧急入境但未能在驻外签证机关办理R字签证的国际人才,可凭确认函在广东省口岸签证机关申请有效期30日的R字临时签证,并可在入境后按规定延长停留时间。

④大力突破国际人才激励保障瓶颈

在国际人才激励方面,广东省积极争取国家对粤港澳大湾区个人所得税优惠政策。财政部、税务总局于2019年3月联合发文,明确规定"广东省、深圳市按内地与香港个人所得税税负差额,对在大湾区工作的境外高端人才和紧缺人才给予补贴,该补贴免征个人所得税[169]。在大湾区工作的境外高端人才和紧缺人才的认定和补贴办法,按照广东省、深圳市的有关规定执行。"这解决了长期困扰在粤国际人才的税负问题,将在较大程度上激励国际人才进一步在粤集聚。该政策还考虑到了不同地区、不同行业对于人才的需求和界定的差异,授权广东省、深圳市确定境外高端人才和紧缺人才的认定办法,以此使优惠政策与地方的实际需求相吻合,更好地发挥政策的激励效果。此外,《粤港澳大湾区发展规划纲要》中明确提出要开展外籍创新人才创办科技型企业享受国民待遇试点,将进一步激发国际人才创新创业的积极性。

a. 广州

1）全面服务在穗工作的外国科技人才的流动

在国际人才兼职工作方面,广州市允许在穗工作的国际人才进行兼职工作。广州市科技局发文规定:已取得《外国工作许可证》的外国科技人才,经聘用单位同意并在市科技局(市外专局)报备后,可以在穗兼职工作。报备时,外国科技人才应征得原聘用单位同意并与原聘用单位及兼职单位签订书面三方协议,明确各自的权利与义务[170]。这解决了困扰在粤国际人才的流动问题,也让更多企业能够使用科技国际人才。接下来广州市科技局也将出台更多关于国际人才流动的相关政策文件,允许一个体系单位的国际人才能够流动,在更换属地时不需要再办理迁移地的工作许可。

2）持续优化出入境便利政策,推进境内外交流合作

广州市不断探索如何引进和留住人才,为人才的进入推出更多试点措施。2024年,广州市科技局(市外国专家局)与广州边检总站白云边检站签署人才出入境服务保障工作战略合作协议[171]。依据协议,双方将在全国率先试点推出服务科技领域高端人才、创新创业人才的入境保障和顺畅通关措施。双方将进一步协商细化便利措施的对象范围,以及具体的实施办法。双方还将探索建立重大科技交流活动协作机制,联合举办政策宣讲和需求调研活动,紧贴人才需求,并结合试点实践进一步研究推出更多便利高端创新人才开展国际交流的新举措,使人才出入便捷、近悦远来。

3）打造优质国际人才高地,加速国际职业资格认定

为打造国际人才高地,广州市人力资源和社会保障局等12个部门联合印发了《广州市境外职业资格便利执业认可清单》(以下简称《清单》)[172],旨在深化与国际规则机制衔接,推动人才创新要素跨境流动和区域融通,打造一流国际营商环境。《清单》覆盖了规划、建筑、司法、卫生、旅游、税务、金融、海事、生态环境、会计等10个领域,明确了境外职业资格与国内职业资格的对应关系,持有《清单》内境外职业资格的人员可按照相关实施办法,在广州市全域或特定区域内执业。这些人才可以

享受全方位的人才便利保障服务，包括人才引进落户绿色通道、人才安居保障，并有机会获得最高100万元的人才奖励。此外，获评南沙区高层次人才的，还可能获得最高1000万元的人才奖励。

国际职业资格的认定机制是吸引国际人才的重要手段。这种认可机制不仅为国际专业人才提供了便利的执业环境，而且与广州市的人才扶持政策紧密衔接，使相关人才能够直接享受包括落户、安居、奖励等在内的一系列优惠政策。特别地，在金融领域，根据相关文件规定，证券、基金以及港澳的期货资格证书在广州全市范围实现了认可，执业者只需参加相关的法律法规考试，而无需再参加专业知识考试。此外，对于港澳法律执业者和澳门执业律师，已有52名粤港澳大湾区律师在6家广州律师所执业，这大大提升了粤港澳大湾区法律服务的能级和国际竞争力。

4）推进外籍"高精尖缺"人才试点工作

2022年，广州市科学技术局将参与国家、省、市科技计划项目并具有理工农医等重点学科博士学位的外国科技人才纳入适用范围，经认定后，也可申请有效期最长10年的R字签证。2023年，科技部、人力资源社会保障部发布通知，在广州市开展外籍"高精尖缺"人才认定标准试点工作[173]。广州成为全国开展这项试点工作的首批6个城市之一。广州将在《外国人来华工作分类标准（试行）》基础上，分别按照《广州市外籍"高精尖"人才认定标准（试行）》和《广州市外籍"急需紧缺"人才岗位目录（试行）》，进一步扩充外国高端人才（A类）和外国专业人才（B类）的认定范围。同时，广州将对服务国家重点战略实施、重点领域发展和重大项目工程建设或从事关键核心技术攻关，符合当地产业和经济社会发展需求的外国高端人才实行自主推荐。

此外，广州市外籍"高精尖缺"人才认定将紧密结合广州产业和经济社会发展的重点领域和关键环节的人才需求，以便利高校、科研机构和企业等引进具有国际水平、国际视野的高级管理人才和核心技术人才。外籍"高精尖"人才认定标准提出了多条新增条款、多条修改条款，例如在"符合国际公认的专业成就认定标准的"条款下，新增或修改后的子条款包括"省部级及以上科学技术奖、专利奖的获得者""曾在国际海事组织高层管理职位任职"等。

同时，广州市外籍急需紧缺人才岗位目录结合新一代信息技术产业、智能与新能源汽车产业等8大行业（产业），梳理了104个急需紧缺岗位，并明确集成电路、智能网联和新能源汽车等三个重点引才方向。这些措施有助于吸引和集聚更多外籍高端人才，推动广州市的科技创新和产业发展。

b. 深圳

1) 完善国际人才引进机制，建设国际化和国家创新型城市

为加快建设具有全球重要影响力的产业科技创新中心，并全方位打造创新之城，2023年，深圳市委人才工作领导小组印发《关于实施更加积极更加开放更加有效的人才政策促进人才高质量发展的意见》[174]，具体措施包括优化海外人才寻聘机制，通过"引才伯乐奖"等方式奖励突出的引才表现，并加强"以赛引才""以会引才"和"以才引才"策略，扩展人才寻聘网络。同时，深圳市致力于打造关键领域人才的"蓄水池"，支持用人主体以灵活方式引进和储备青年科技人才，满足未来发展的关键需求。此外，通过特聘岗位制度，强化特聘岗位奖励支持，稳定吸引并自主评聘优秀人才，优化评聘流程，提高政策的吸引力和稳定性，以此构建强有力的人才支撑体系。深圳市还制定了《深圳市境外高端人才和紧缺人才2023纳税年度个人所得税财政补贴申报指南》[175]，为符合条件的境外高端人才和紧缺人才提供个人所得税财政补贴，这表明深圳市持续推动和优化其人才政策以吸引和激励国际人才。

2) 建设河套深港科技创新合作园区，深化粤港澳大湾区合作

2023年，根据《河套深港科技创新合作区深圳园区发展规划》[176]，深圳市协同香港推动国际科技创新，支持港澳高校优势学科发展，打造国际一流科技创新平台，着力构建具有国际竞争力的产业中试转化基地[177]。深圳市还计划实施一系列国际化的科技创新体制机制，包括便利科研人员进出的措施、货物分线管理、科研相关资金跨境流动监管，以及探索国际互联网数据跨境安全有序流动等。此外，深圳市将加快建立更高水平的知识产权保护制度，营造与香港趋同的税负环境，并实行国际化的就业和社会保障政策。河套深港科技创新合作区深圳园区发展署还推出了"虚拟园区"服务矩阵[178]，通过服务创新，实现园区日常服务"一码集成"、园区办事服务"一网通办"、园区社群服务"一号互通"，为国际人才提供便利。

2024年6月,深圳市人力资源和社会保障局正式印发《深圳市境外职业资格便利执业认可清单(河套深圳园区专版)》[179],涵盖建筑、医疗、法律、金融等8大领域28项职业资格,为持有相应境外职业资格证书的人才在河套深圳园区提供专业服务的便利。粤港澳大湾区国际人才驿站(河套)的启用,进一步构建了"1+N"国际人才服务载体矩阵,提供法律、政务、创新创业、休闲阅读、人才安居、会议服务等多功能服务,打造"人才过河第一站",并链接多元专业机构资源,为人才、企业提供"一站式"服务。

3)推进外籍"高精尖缺"人才试点工作

2023年,科技部、人力资源社会保障部发布通知,在深圳市开展外籍"高精尖缺"人才认定标准试点工作。深圳成为全国开展这项试点工作的首批6个城市之一。深圳将在《外国人来华工作分类标准(试行)》基础上,分别按照《深圳市外籍"高精尖"人才认定标准(试行)》和《深圳市外籍"急需紧缺"人才岗位目录(试行)》[177],进一步扩充外国高端人才(A类)和外国专业人才(B类)的认定范围。在制定人才目录上,一是注重衔接国内外先进标准。参考主要发达国家和地区人才引进标准和人才薪资水平,借鉴北京市中关村、上海自贸试验区、海南自贸试验区、杭州国家自主创新示范区等地外籍高层次人才认定办法和相关标准,对国家标准进行适当延展放宽、补充和细化。二是紧密结合深圳实际需要,结合深圳产业和经济社会发展的重点领域和关键环节,突出高校、科研机构和技术人才的需求。三是重点认定科技创新人才,围绕科技创新吸引国际一流水平的科技人才。

(7)香港

香港地区是个经济活动相当自由化的区域,奉行市场自由法则,香港政府历史上在国际人才引进和管理中主要扮演被动角色,开始主动介入的时间相对较晚;从介入的方式来看,也多为间接构建普适性政策和营造环境为主。近年来,基于未来发展的考虑,香港政府逐渐从"积极不干预"转向"主动出招的责任者",推出了一系列国际人才引进与管理服务的政策,向全球招揽了大量海外高端人才,极大地改变香港人才的失衡结构,优化香港的人才素质,提升香港自由贸易港的国际竞争力,推动香港社会经济向前发展[181]。

a. 国际人才吸引政策

1）以人才计划分类引才

①优秀人才入境计划（"优才计划"）[182]

为了吸引更多的优秀人才到香港工作，特区政府于2006年6月28日开始推行"优秀人才入境计划"。获批准的申请人无须在来港定居前先获得本地雇主聘任。这项计划采取"综合计分制"及"成就计分制"两种计分方式。符合基本资格所有要求的申请人，可选择以综合计分制或成就计分制的方式接受评审，与其他申请人竞争配额。

2015年，香港为吸引更为优秀的人才，颁布优才计划新政。新政中对于申请人的工作经验、学历方面赋分有所降低，新增了额外加分项，一是对于毕业于国际公认知名学校的申请人，可额外获得30分；二是具有2年以上国际工作经验，可额外获得15分。满分从165分增至195分，但合格分数80分维持不变，换言之降低了入围难度，但对于人才的要求实则更高，评分更严格。优化计划推出时配额大概是1000人，2022年配额增加至4000人。2023年和2024年直接取消配额限制，进入了无限量供应时代。

②科技人才入境计划[183]

2018年5月8日，香港特区政府创新及科技局实施为期三年的"科技人才入境计划"，引进海外和内地科研人才，以配合香港科创业界在延揽人才方面的需要。计划以先导形式推行，为期三年。首个运作年度引入最多1000名科技人才。计划将首先适用于在香港科技园公司和数码港从事生物科技、人工智能、网络安全、机械人技术、数据分析、金融科技及材料科学的租户和培育公司。经计划来港的人士，须持有"QS世界大学排名榜""泰晤士报高等教育世界大学排名榜"及"世界大学学术排名"前100名大学所颁发的科学、技术、工程或数学（STEM）学科学位。持有硕士或博士学位者无需工作经验，持有学士学位者则须具备最少一年在相关科技范畴的工作经验。每个公司或者机构每年最多可获得100个配额。获得配额的公司在招聘后，可直接向入境处申请工作签证和入境许可证。与"一般就业政策"和"输入内地人才计划"审批时间为4个星期至2个月不同，该项计划审批时间最快为2个星期。

自计划实施以来，香港已经通过该计划成功引进了大量来自全球顶尖大学和科研机构的科技人才。这些人才在生物科技、人工智能、网络安全等领域为香港的科技企业带来了前沿的技术和创新思维，大幅提升了香港本地的科研水平和技术竞争力。例如商汤科技、Lynk、Prenetics、Gogovan 等公司通过引进国际科技人才，在各自的领域中取得了显著的技术进展和市场扩展。尤其是在人工智能和生物科技领域，计划引入的人才帮助这些企业快速占领市场，提升了全球竞争力。

③高端人才通行证计划[184]

2023年，香港特区政府为进一步吸引全球顶尖人才，推出了"高端人才通行证计划"。该计划旨在为香港的经济发展注入新的动力，并巩固其作为国际人才枢纽的地位。该计划面向的目标人群广泛，涵盖科技、金融、法律等多个领域的专业人士，包括企业家、投资者、科研人员等。

自推出之后，高端人才通行证计划实施情况良好，许多人才通过该计划进入香港。据新华社报道，截至2024年2月底，高端人才通行证计划（"高才通计划"）共收到逾7.2万宗申请，其中近5.9万宗获批。

2）以人才清单精准引才

2018年8月，香港优秀人才入境计划首推"人才清单"，所有符合人才清单中相关专业资格且能提供相关证明文件的申请者可在综合计分评估时额外获得30分。清单中列出11类人才，具体包括：废物处理专家、资产管理专才、海运保险专才、精算师、金融科技专才、数据科学家及网络安全专家、创新及科技专家、造船师、轮机工程师及船舶总管、创意产业专才、争议解决专才及业务交易律师。

2023年5月香港又出台新制定的人才清单，其中专门增加创新科技的资深专家，有资深人工智能专家、云端基础设施专家、高级软件专家，以及涉及社会各方面的创新及科技专家。领域涵盖了多个科技和创新领域，包括但不限于药物学及生命科学/生物科技/医疗及健康护理科学、数据工程、量子技术、绿色科技和新能源科技等。

人才清单与香港的整体产业发展战略紧密配合，可以更加精准地吸引与当地产业链紧密相关的高级人才，推动特定行业（如人工智能、量子技术、生物科技等）的发展，增强香港的全球竞争力。通过定期更新、发布涉及多个行业领域的高级专才清单，明确当前急需的专业和职位，香港能更进一步吸引具有相关技能和经验的国际人才，推动本地科技产业的繁荣和创新。

b. 国际人才评价制度

"香港优秀人才入境计划"和"科技人才入境计划"采取的是计分制度。申请人符合"基本资格"所有要求的，可以选择以"综合计分制"或"成就计分制"的方式接受评核。

"综合计分制"按照申请人的年龄、学历/专业资格、工作经验、人才清单、语文能力、家庭背景6项条件打分，最高分为195分，最低及格分数是80分。

"成就计分制"则是为"具备超凡才能或技术并拥有杰出成就的个别人士"提供的另一套申请定居香港的计分制度，该计分制以申请人的成就为评核基准，须符合以下两项要求中的一项：一是申请人曾获得杰出成就奖（如奥运会奖牌、诺贝尔奖及其他国家/国际奖项）；二是申请人可以证明其工作得到同行肯定，或对其行业发展有重大贡献（如获业内颁发的终身成就奖）。

甄选程序定期进行。在每次甄选程序中，同时符合基本资格并在"综合计分制"下累计得分达到最低及格分数的申请人，及符合基本资格并在"成就计分制"下得分的申请人，依总得分排列名次，得分较高的申请人将被进一步评核。入境事务处处长可就如何根据本计划评核、评分及分配名额征询咨询委员会的意见。该咨询委员会由香港特区政府行政长官委任的官方及非官方成员组成。咨询委员会将考虑香港的社会经济需要、各申请人所属界别及其他相关因素，向入境处处长建议如何分配每次甄选程序中可分配的名额。也就是说，得分较高的申请人未必能够最终获得配额。

c. 国际人才激励制度

香港一直致力于吸引高素质的国际人才，以推动其经济发展及提升国际竞争力。在税收政策方面，香港提供一系列优惠措施和激励政策，旨在吸引和留住国际人才。首先，香港实行简单而低税率的税制，没有增值税或资本利得税，仅对本地收入征税，这对国际人才具有显著的吸引力。此外，薪俸税率采用累进税率，最高税率为上限17%[185]。同时，对于来港工作但并非永久居住的外籍人员，香港还有双重税务协定，以避免他们在多个国家被重复征税。越来越多的双重税务协定涵盖范围广泛，包括中国大陆、英国、美国等。在某些特定行业如科技、金融、医疗等领域，香港还提供专门的税收减免和激励政策，以吸引这些领域的高端国际人才。同时，香港对不同纳税人依据供养老人、抚养子女的情况设定了不同的缴税标准，以此减轻人才的税收负担。总体而言，香港通过这些有竞争力的税收政策，为外籍专业人士提供了一个友好的营商环境，进一步巩固了其作为国际金融和商业枢纽的地位。在香港进行课税的对象仅以在香港境内的所得和收入为范围，优厚的税后收入成为香港吸引人才的最重要优势之一[186]。

3.2.1.2 广东省人才服务政策的实践探索情况

（1）健全人才政策体系

总体而言，广东近年来的国际人才政策由综合走向具体，政策的可操作性越来越强，更具开放性和包容性。例如，实施公安部支持广东自贸试验区建设及创新驱动发展16项出入境政策，落实国际人才签证制度，为外籍高层次人才和创新创业人才提供出入境和停居留便利；出台关于做好复制推广实施6项出入境政策措施的工作通知，为外籍高层次人才在粤港澳大湾区居住生活提供便利[187]；出台广东省人才优粤卡实施办法（试行），完善了高层次人才保障机制[188]；实施广东省国际及港澳台人才交流专项[189]，形成广覆盖、多层次、较完备的引才政策体系；先后出台深化人才发展体制机制改革的实施意见[190]、粤港澳人才合作示范区人才管理改革若干政策[191]、加快新时代博士和博士后人才创新发展若干意见[192]等。

（2）精准人才政策靶向

随着广东省人才政策的不断完善，人才政策更具针对性。例如，针对国际人才引进，明确提出柔性使用海外人才的策略。在《关于我省深化人才发展体制机制改革的实施意见》中，提出鼓励支持有条件的地方建设海外人才离岸创新创业基地，充分发挥国（境）外人才的作用。支持广东省企业在国（境）外设立研发中心、分支机构、孵化载体；针对海外博士和博士后人才，明确提出建立全球博士和博士后人才招募机制。在《关于加快新时代博士和博士后人才创新发展的若干意见》中，提出整合广东省海外工作站点资源，建立海外人才工作站，收集当地人才信息，发布广东省人才政策和人才需求，举荐海外人才；针对国际人才服务碎片化难题，提出推行人才优粤卡服务。在《关于我省深化人才发展体制机制改革的实施意见》中，提出经省人才主管部门认定的高层次人才，可凭卡在社会保障、购房购车、职称评定等方面与工作所在地居民享受同等待遇，在落户、出入境、长期居留、永久居留、医疗、子女入学、配偶安置、社会保险、入住人才公寓等方面享受优先便利服务。

（3）营造人才制度环境

树立全球视野和战略眼光，着力构建具有国际竞争力的国际人才制度，营造优质的制度环境与人才生态环境，一直是广东省外专引智工作的重点内容。例如，在全省开设高层次人才服务专区，为高层次人才提供出入境、特殊医疗、物品进境、子女入学等"一站式"服务，在全国率先搭建高层次人才网上"一站式"服务平台，打造"指尖上的人才服务大厅"，开创"让数据多跑腿、让人才少受累"的高层次人才服务新模式[193]；深圳市在开展外国高端人才服务"一卡通"试点工作中，设立服务专窗，以人才安居保障、子女就学、医疗保健服务等三方面为重点，努力覆盖金融、通信、交通、保险等社会服务领域，向外国高端人才提供优质的综合配套服务，优化外国高端人才在深工作生活环境[194]。

3.2.1.3 人才服务政策碎片化问题

（1）工作许可证方面

2017年4月起，将"外国专家证"和"外国人就业证"整合为"外国人工作许可证"后，虽然精简了办事流程，但由于部分材料如无犯罪记录证明、最高学位学历认证，需由外国人所在国或常住国开具，不少国际人才对新政策要求尚未熟悉，对办理渠道有较多疑问。此外，工作许可证的功能目前仍较单一，作为国际人才在中国境内的唯一合法证件，国际人才对工作许可证功能拓展要求强烈。

（2）居留许可方面

国际人才居留许可的问题主要反映在人才签证待遇没有与公安部门对接，存在各地公安部门签发的工作类居留许可与工作许可期限不一致的现象。此外，外国人在华居留期间，在入住酒店时，不少酒店仍不能凭工作许可证入住。

（3）签证和出入境便利方面

部分国际人才反映签证程序较为繁琐，时间周期偏长，特别是短期来粤工作签证办理不方便。在出入境方面，反映较多的问题是出入境处排队时间较长。

（4）外国人投资创业方面

国际人才在中国投资创业服务政策落地仍缺少具体细则，如何管理外国投资者仍需进一步明确。

3.2.1.4 案例研究：广东省国际人才政策执行情况

为发现和验证广东省国际人才政策执行过程中存在的问题并进行分析，开展了调查问卷设计，面向201位国际人才发放问卷。在问卷分析的基础上，设计了面向国际人才、高校和科研院所人才工作者及政府科技部门工作人员的访谈提纲，并进行了10人的座谈和访谈调研。

（1）政策执行总体情况

a. 问卷调查情况

a-1　问卷设计

前期，查阅了一批相关的文献资料，作为问卷设计的基础准备。同时，与相关的国际人才、政府相关部门工作人员进行交流，确保问卷设计合理，并能通过问卷反映出有关的现实问题和人才的期望。在此基础上，编写形成调查问卷，并将问卷的发放对象明确为具有海外留学（工作）背景的博士博士后等国际人才。

依据实际情况，设计调查问卷（附表1）。问卷分为四个部分：第一部分（第1—9题）是对国际人才的基本情况进行样本收集，主要是性别、学历、年龄、职称和单位性质等相关信息；第二部分（第10—14题）是从整体上全面掌握被调查人员对广东省国际人才政策的认知情况，从而对人才政策效能作出总体评价；第三部分（第15—19题）是被调查人员对高层次人才政策实施执行情况了解程度的考察，从而在此基础上对政策进行分项评价；第四部分（第20题）就被调查人员对国际人才政策总体需求进行调查，收集问题和意见，为下一步改善政策执行提出新的思路。

a-2　问卷的发放与回收

问卷的发放和回收整理历时1个月，从2023年2月20日开始，到2023年3月20日截止。本研究采用广泛发动方式，共发放问卷201份，收回问卷201份，问卷回收率100%，回收问卷中有效问卷201份，问卷有效率为100%。大范围发放和收集问题，保障了问卷结果具有良好的代表性。

a-3 被调查者的基本情况

从人才质量上看，参与问卷的人才中，31～40周岁的人才占比64.18%，96.02%的人才具有博士学位，88.56%的人才具有中级及以上职称，8.46%的人才为外籍高层次人才。目前在粤创新创业的人才占比97.41%，反映了广东省国际人才政策确实为广东集聚了一支年富力强的高水平人才队伍。

从人才分布上看，参与问卷的人才中，海外留学或工作国家分布广泛，涵盖美国、德国、法国、英国、澳大利亚、加拿大、荷兰、日本等重点国家，海外留学或工作时间达到平均6.5年。人才主要聚集在生物医药与健康、高端装备与智能制造、新材料和新一代信息技术等广东省战略性新兴产业，分别占比34.83%、17.41%、16.42%、11.44%。同时，参与问卷的人才中有91.54%的人才分布在高校和科研院所，虽然有可能受研究者样本所限，但在某种程度上也反映出政策执行的效果与政策制定文件的产业导向存在一定的差距。

具体情况见表1至表5：

表1 被调查者年龄分布

选项	小计	比例
30岁及以下	12	5.97%
31～40岁	129	64.18%
41～50岁	47	23.38%
51岁及以上	13	6.47%

表2 被调查者最高学历分布

选项	小计	比例
博士	193	96.02%
硕士	8	3.98%
本科及以下	0	0%

表3　被调查者职称分布

选项	小计	比例
正高级职称	61	30.35%
副高级职称	72	35.82%
中级职称	45	22.39%
初级职称	4	1.99%
无	19	9.45%

表4　被调查者从事行业领域分布

选项	小计	比例
生物医药与健康	70	34.83%
高端装备与智能制造	35	17.41%
新材料	33	16.42%
新一代信息技术	23	11.44%
新能源	17	8.46%
环保低碳	14	6.97%
其他	5	2.49%
农业农村	3	1.49%
服务业	1	0.5%
数字经济	0	0%

表5　被调查者工作单位性质分布

选项	小计	比例
政府机构	0	0%
企业	7	3.48%
高校	177	88.06%
科研机构	7	3.48%
其他（医院、社会组织等）	10	4.98%

a-4　政策了解程度和渠道

从了解程度看，在被调查的201名高层次人才中，有超过六成（占比62.68%）的人才不太清楚或不清楚广东省人才政策内容，近五成（占比48.26%）的人才很少关注或不关注广东省人才相关政策。清楚广东省人才政策内容的人才中，90.67%的人才认为相关政策具有易读性。这一调查结果反映了现有政策传播性亟待进一步提升，以便在政策对象群体中进行有效传播，从而保障政策具有良好普及性，并能够在人才中形成一定的示范效应。同时，现有政策具有一定易读性，人才认为能够比较容易地"读懂政策""理解政策"。

从了解渠道来看，政策宣传渠道分别是单位学习传达（43.78%），朋友/同事告知（25.37%），网络、报刊、电视等媒体宣传（20.4%），政府部门相关文件（10.45%）等。从调查结果可以看出，单位学习传达在政策宣传推广中扮演了极其重要的角色；朋友/同事告知的方式使政策传递灵敏度高，但可能存在信息失真的情况；另外，通过媒体和政府部门宣传，可加大政策宣传覆盖面。

具体情况见表6至表9：

表6 被调查者对广东省国际人才政策相关内容的了解程度

选项	小计	比例
非常清楚	5	2.49%
比较清楚	34	16.92%
清楚	36	17.91%
不太清楚	99	49.25%
不清楚	27	13.43%

表7 被调查者认为广东省国际人才政策内容是否具有易读性

选项	小计	比例
是	68	90.67%
否	7	9.33%

表8　被调查者对广东省国际人才相关政策的关注程度

选项	小计	比例
经常关注	18	8.96%
比较关注	38	18.91%
关注	48	23.88%
很少关注	89	44.28%
不关注	8	3.98%

表9　被调查者了解广东省国际人才相关政策的主要渠道

选项	小计	比例
政府部门相关文件	21	10.45%
单位学习传达	88	43.78%
网络、报刊、电视等媒体	41	20.4%
朋友/同事告知	51	25.37%
其他	0	0%

a-5　政策发挥作用程度

调查问卷结果显示，74.63%的国际人才认为对实施人才强国战略作用影响最大的是人才激励政策；其次是人才培养（66.67%）、人才服务保障（65.17%）、人才引进相关政策（64.68%），具体结果见表10。

表10　被调查者认为广东省海外国际人才政策中对实施人才强国战略作用最大的政策

选项	小计	比例
人才引进	130	64.68%
人才培养	134	66.67%
人才流动	20	9.95%
人才评价	38	18.91%
人才激励	150	74.63%
人才服务保障	131	65.17%

b. 访谈调研情况

在通过问卷调查初步了解国际人才对于广东省人才政策执行的判断评价基础上，为更进一步梳理政策执行存在的问题表现，挖掘问题出现的深层次原因，寻求解决问题的建议和启示，开展一系列访谈调研。依据访谈对象类别，拟定了访谈提纲（附表2）。

b-1　面向国际人才的访谈

从政策对象的角度，梳理政策执行表现出的问题，并从政策对象角度讨论可能改进的建议。提出的问题主要包括：政策感知、政策执行中的满意度、造成不满意的原因、相关的改进建议。具体实施上，这部分访谈以集中座谈形式为主。围绕访谈提纲开展交流讨论，总计访谈人数5人。

b-2　面向高校和科研院所人才工作者、政府科技部门工作人员的访谈

从政策执行者的角度，暴露政策执行的问题，并深层次挖掘出现问题的原因，获得相关的建议思路。提出的问题主要包括：人才政策的效果判断、本部门负责的人才政策执行总体情况和效益、本部门执行政策过程中出现的问题以及原因、改进的建议等。具体实施上，访谈以一对一交流形式为主，采用线上访谈和电话访谈方式。总计访谈人数5人，包括高校和科研院所人才工作者2人、政府科技部门工作人员3人。

（2）政策执行存在的问题表现

政策执行在整个政策过程中处于非常重要的地位，能够直接影响政策的效果。目前，学界广泛认为，政策执行是一个连续的演进和互动过程，涉及政策制定和行动实施。要分析政策执行存在的问题，从影响政策执行的变量出发，能比较好地发现和归纳问题[195]。归纳公共政策研究专家的研究，可以发现组织内部成员、政策内容、执行程序设计、公共参与、制度、资源、技术、信息等多种因素会影响政策的执行[196]。按照史密斯政策执行模型，可以将上述的内容归集为四个方面，即理想化的政策、执行机关、目标群体、环境因素。因此，本研究亦从这四个方面，查找和分析广东省国际人才政策的问题表现。具体而言：

理想化的政策部分，研究视角是政策文本是否目标清晰，是否具有较强的科学性和可行性；执行机关部分，主要考量政策执行机构的权威性、合法性、合理性、稳定性问题，以及执行工作人员素质，对政策的理解和支持程度等；目标群体部分，主要

考量目标群体是否能很好地进行政策互动，包括组织化程度、政策理解和认可程度等；环境因素部分，主要分析政策执行过程中，反映在经济社会发展、配套资源等方面的问题。

a. 政策内容部分

公共政策执行，以该政策文本本身为逻辑起点，必然受公共政策本身的影响。史密斯模型也将政策本身作为讨论影响政策执行的首要因素。可以说，公共政策本身的质量，是政策执行的基本条件。在广东省国际人才政策执行过程中，暴露出政策文本过于宽泛、缺乏协调性等问题。

a-1　政策所涉及内容过于宽泛

政策实施是否顺利，执行是否困难，结局能否成功，与政策要解决问题的复杂程度是紧密关联的。政策执行理论认为，在政策执行的实际过程中，往往是涉及少数地方或部门，涉及利益相对简单，影响政策执行的因素较少，政策目标群体范围小共性大的政策，执行起来比较容易。反之，政策执行将面临较大的挑战[197]。访谈座谈过程中，有几位访谈对象提到了上述问题，概括如下：一是广东省国际人才政策瞄准的人才类别宽泛，涉及省内所有的战略性支柱产业和战略性新兴产业。但实际上广东省国际人才政策执行情况因行业领域特点各有不同，这些行业的人才个性化的需求也不尽相同。二是广东省国际人才政策文件中优惠政策很多，在引才需求发布、引才机制建设、人才确认机制、配套服务机制、创新创业专项机制、专项投入机制等方面均制定了措施。以配套服务机制为例，涉及人才的工资待遇和奖励补贴、工作环境、居留和出入境便利、落户、配偶就业、子女入学、医疗服务、社会保险等各个方面。但由于政策举措涉及方方面面，导致执行政策的队伍也非常庞大，包括人社、住建、教育、公安、税务等相关部门以及人才主管单位的人才工作者，对政策理解不统一的问题就暴露得更加明显。

问卷调查的结果也显示，75.12%的人才认为其没有完全享受到国际人才相关政策。而享受到相关政策的人才中，82%的人才享受了工资待遇和奖励补贴政策，而其余政策（工作环境、居留和出入境便利、落户、子女入学、医疗服务）享受的人较少，也反映出政策宽泛导致一些政策存在没有较好执行的情况。

具体情况见表11至表12:

表11 被调查者认为其本人是否享受了可享受的广东省国际人才政策情况

选项	小计	比例
享受了相关政策	50	24.88%
没有完全享受相关政策	151	75.12%

表12 被调查者享受到的具体政策

选项	小计	比例
工资待遇和奖励补贴	41	82%
工作环境	17	34%
居留和出入境便利	6	12%
落户	11	22%
配偶就业	2	4%
子女入学	8	16%
医疗服务	8	16%
社会保险	4	8%
其他	1	2%

a-2 政策的部分内容缺乏协调性

公共政策不协调,主要是指公共政策之间出现矛盾对立的情况,会导致公共政策执行效果打折扣,有时甚至根本无法执行[198]。广东省国际人才政策的协调性,主要是指政策适用的时间和空间范围内,与其他政策要有充分的和谐度,不能相互抵触。

访谈座谈过程中,有访谈对象提出,一些在广州工作的国际人才符合人才确认的条件,但由于任职单位属于国有企业或事业单位,在人才确认标准与确认程序政策、享受待遇政策等方面存在协调不畅的问题。同时,调查问卷显示,41.79%的人才认为存在"人才政策文件冲突,衔接不顺畅"的问题,导致政策执行存在难度。

b. 执行主体部分

影响公共政策执行的因素是多方面的,其中执行主体是影响政策执行的关键因素。执行主体主要分为两个部分,一是执行政策的组织机构,二是这些机构中从事政策执行的工作人员。在执行引进人才政策时,存在着执行乏力的现象,因而以下从执行机构和执行人员两个方面讨论这种执行乏力情况[199]。

b-1 执行机构间协同性不足

政策执行理论认为,政策执行机构是执行政策的实践者,掌握着实施政策的资源,并对政策执行的路线方法有很大的裁量权,是政策制定者与政策对象的关联人。执行机构的设计合理与否,可能促进政策的顺利执行,也可导致政策执行流产[200]。引进国际人才政策体系较为庞大,执行机构较多,需要合理地设计好组织机构,保障各组织间分工合作,步调一致,才能保证政策的良好执行。

调研座谈过程中,有访谈对象提出,人才认定的业务受理受审批人员的专业程度和信息壁垒限制,往往需要多个行政部门的配合认定,许多认定条件需要时间确认和核实,从而延长了认定周期。而一些待遇落实的业务,也需要多部门的协同,导致一些具体政策在执行过程中容易出现梗阻,效率受到影响。同时,调查问卷显示,49.25%的人才认为存在"部门协调不到位"的问题,导致其未能很好地享受相关政策。

b-2 政策执行者的执行力欠缺

政策执行理论非常强调政策执行人员在政策执行过程中的重要作用。政策执行队伍是政策执行主体的能动因素。执行机构影响政策执行,更多地也是通过执行机构的具体的人去影响政策的执行。政策执行者对政策的认识水平、个人业务素质、个人利益等,很大程度上影响人才政策的执行效果[201]。

调研座谈过程中,有访谈对象提出,在广东省国际人才政策执行过程中,出现了一些执行者对从事不同技术领域人才的了解不足导致政策执行过程中走偏的情况;出现了市级政策缺乏针对地市所需人才特点的研究,导致政策执行缺乏省市联动的组合优势的情况等。调查问卷显示,50.33%的人才认为存在"部门执行不到位"的问题,导致政策执行完成度不理想。

c.政策对象部分

政策对象对政策执行有非常重要的影响。就国际人才政策来说,国际人才是政策的目标对象,他们对政策的反馈情况与政策执行成功与否存在非常直接的关联,甚至从某种意义上说,政策对象对政策执行的满意程度会直接影响政策对象的去留行为,从而直接形成政策执行的结果[202]。

访谈座谈过程中,有访谈对象提出,国际人才政策宣传力度不够,"有些刚从国外回来的海归人才根本不清楚政策内容",反映出政策宣传解读还不够深入,未能有效宣传好广东省引才引智政策和人才发展环境。调查问卷显示,70.2%的人才认为存在"政策宣传不到位"的问题。同时,在回答"您对广东省国际人才相关政策执行情况的了解程度"时,61.69%的人才对政策执行情况不太了解或不了解。在各项政策的满意度调查中,有33.36%的人才认为居留与出入境便利政策落实一般或不满意;34.27%的人才认为医疗保健政策落实一般或不满意;23.34%的人才认为人才奖励补贴政策落实一般或不满意;63.21%的人才认为配偶就业落实一般或不满意;74.38%的人才认为子女入学政策落实一般或不满意。只有落户政策落实获得了最高的满意度,达到72.73%。

d. 执行环境部分

任何一项政策的执行都处在一个特定的环境当中,受到环境的制约和影响[203]。这几年,广东人才软环境建设不断升级,但人才载体建设、政策宣传解读等方面还存在短板,这些短板作为政策执行的环境因素的一部分,制约着政策的执行。

访谈座谈过程中,有访谈对象提出,人才发展专项资助政策支持力度大,但覆盖面有限,国际人才并不能都获得资助;而作为政策享受面较宽的人才普惠性奖励补贴政策,随着人才体量逐步增大,终究不是长远之计。调查问卷显示,57.21%的人才认为存在"配套服务跟不上"的问题,削弱了政策执行服务的有效性。

(3)产生问题的原因分析

a. 政策制定存在不科学、不完善的地方

史密斯政策执行模型认为,"理想化政策"是影响政策执行的第一因素。政策是否满足"理想化",判断的主要依据是政策是否具备合法性、合理性和可行性。政策的合法性、合理性、协调性、可行性等,主要由政策的系统性决定,以多种要素整合为基础。根据这个原则,当政策文本本身出现问题时,可以从政策涉及的部门、政策、对象、资源几个方面，按整体的思维剖析问题。从调研和访谈的情况来看，政策执行难的主要原因是：

一是在政策制定过程中的全面参与度不足。国际人才政策制定过程中，虽然成立了相关的工作机构跨部门协同，但各部门重视和配合的程度不够，咨询外部建议不足，导致政策相互冲突，政策内容不尽合理，一线执行人员执行困难。二是政策工具选择未充分结合实际。在决定政策工具的时候，要充分发挥本区域内的资源优势，创造比较优势从而赢得竞争优势。然而广东省国际人才政策制定过程中，没有充分结合政策执行过程中需要的资源和环境现实进行扬长避短，过分求全，使政策的可行性受损，导致执行存在问题。

b. 执行机构缺乏有效联动平台，执行人员缺乏有效培训

史密斯模型认为政策执行机构作为政策执行的主体，对政策执行效果存在重要的影响。在政策执行机构中，阻碍政策执行的因素包括执行机构、执行人员等方面，执行机构与执行人员的能力和效率缺陷，有效协商共治不足等，是政策执行主体导致执行问题的普遍原因。

一是执行机构缺乏联动基础和联动平台。从工作机制上看，缺乏一套打破部门壁垒的信息共享平台。人才工作情况往往复杂，涉及的面比较广泛，如果没有一套高效的人才信息共享平台，联动多部门协同作业的相关审批业务就会延长，跨部门的人才业务流程长效率低的情况频频出现。同时，由于共享信息平台的缺乏，不同部门的工作人员在政策解释和执行时，受本部门或个人政策刻板印象或利益驱使，往往会出现差异，导致人才政策文件中的政策点落实不到位。二是执行人员专业化建设欠缺。包括干部队伍的选拔专业化程度不足，缺乏相关专业领域的知识培训，对科技创新和人才发展的相关政策了解不足，对人才政策执行的思想认识不够，缺乏有效的政策执行监督反馈机制等。

c. 政策对象群体较大，对政策对象的调研不足

政策对象对政策执行的影响，反映在对象的数量、类型、差异性、改变行为的程度和认可程度等。国际人才政策的相关指南或认定标准会根据一定的情况在一定时间内进行动态的调整，而调整的依据主要是基于政策的主管部门或执行部门的调研和判

断，在一定程度上保证了政策吸引的人才能够符合当下的发展实际需要。这一考虑也直接导致政策对象数量庞大、类型多样，对象之间存在较大的差异。同时，国际人才是相关人才政策的直接承受者和密切利益相关者，对政策制定与实施有最真切的感受，对政策的制度和实施的成效有最大的发言权，能够具体、真切、客观反映出政策的执行情况和问题，并提出有建设性的意见和建议。

一是政策对象群体较大。国际人才是引进国际人才政策的执行对象，人才政策的执行成功与否，并不是政策主体一厢情愿的事情，而是与人才本身有非常关键的联系。广东省国际人才政策的对象由于人员数量庞大，工作领域、学科方向、年龄性别、国籍身份、工作角色各不相同，每个人的诉求各异，导致大家对政策的接受程度和理解不一致，对政策执行的满意度离散差异较大。

二是缺乏对政策对象调研。一方面，在政策制定过程中，对人才群体的调研不够深入，导致认定标准出现问题。现在的情况是，一些标准很难通过确认的形式界定是否符合条件，导致确认工作无法执行，政府部门陷入被动，而人才陷入无尽的等待。现行的国际人才政策在确认标准和标准解释方面，由于缺乏充分的人才调研，部分标准和解释不尽合理，这降低了人才对相关政策的满意度。另一方面，对人才的实际需求研究不足，导致政策没有办法触碰到痛点。比如年轻的国际人才最关注的子女入学、配偶就业等方面问题，在调查问卷中显示真正享受到此类政策的人才比例十分低。背后的原因是对人才的需求没有进行充分的调查研究，对各行各业、各个年龄段人才的实际需求了解不足。

d. 配套环境资源紧缺，造成非制度化的执行陷阱

史密斯模型认为政策执行离不开所处环境的影响。公共政策执行过程，受到政府所持有社会资源的影响。一般意义上，政府所持有的与政策执行紧密相关的社会资源越丰富，就越能更好地支持政策执行，越好地实现政策目标。然而在实际的政策执行过程中，政府持有的相关社会资源往往是有限的，特别是相对于人民群众的现实需求是紧缺的。

国际人才政策的执行环境包括宏观的政治经济文化环境和直接与政策实施相关的具体的社会配套资源环境。广东作为改革开放的排头兵、先行地、实验区，也是大湾

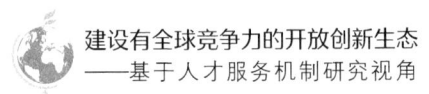

区建设和先行示范区建设的重要责任主体，这为人才政策的实施奠定了很好的基础。但根据座谈调研和问卷调查情况来看，人才反馈政策执行问题，反映在政策执行环境方面的，主要还是配套环境欠缺和政策宣传不足，营造人才优先发展的环境建设内容还需要增强。

3.2.2 人才服务政策的启示

3.2.2.1 坚持系统思维，加强制度设计

政策碎片化是当前国际人才服务管理改革过程中普遍反映存在的问题。针对国际人才服务管理的具体政策，分散于不同主管部门的政策子项之中，政策之间衔接性不强，服务对象的知晓度偏低，难以发挥政策合力效应。下一步，广东省应在借鉴国外发达国家有益经验的基础上，在管理主体统一、管理服务制度体系化和管理制度法治化三个层次上进行系统设计，变碎片化的政策措施为系统化的制度安排，并在适当条件下上升为地方性法规，保障国际人才服务管理工作的有效开展。

3.2.2.2 坚持分层分类，强化精准施策

分层分类是精准服务的前提，也是积极回应不同类别国际人才需求的基本操作方式。无论是国际上普遍制定严格的人才准入分类标准，还是国内先行地区制定的分类别的国际人才服务管理政策，都体现了分层分类的思维。根据外国人来华工作许可制度"鼓励高端，控制一般，限制低端"的原则，广东省需要针对来粤工作的外国高端人才（A类）、外国专业人才（B类）、外国普通人员（C类）制定相应的人才政策，按照外国人来华工作分类标准实行分类管理。

3.2.2.3 坚持"放管服"结合，厘清权责边界

国际人才服务管理是一项系统工程，涉及多元主体，需要清晰界定不同主体的职能边界，坚持"放管服"结合，努力促进不同主体的协力合作，才能做好工作。从发达国家的经验来看，政府重在制定规则和宏观调控，市场主体自主配置人才资源，社会组织有序提供个性化、优质化的服务，从而达到政府社会市场作用的共同发挥。更重要的是，政府并不提供特殊的优惠政策，针对国际人才的服务更多的是通过市场和社会力量来解决，政府的过度干预可能扰乱人才资源市场秩序，甚至会出现国际人才

利用地区间的政策差异来逐利的现象。

3.2.2.4 坚持改革创新，鼓励先行先试

国际人才服务管理改革工作与地区经济社会发展水平紧密相连，国际人才比较集中的地区一般位于经济较发达、对外开放水平较高、外资企业比较集中的地区。因此，针对国际人才服务管理的改革，既要统筹谋划，有全局意识，也要因地制宜，要针对国际人才比较集中地区的实际问题，鼓励地方对标最高最优最好，率先进行创新试点，以解决国际人才最关心的热点难点问题为主线，逐项解决，逐步形成可复制、可推广的经验。

3.3 服务管理层面

3.3.1 人才服务管理经验

3.3.1.1 典型国家和我国部分地区的人才服务管理情况

（1）美国

a. 法治环境逐步优化，建设国际人才管理体系

在人才全球化流动的时代，建立一个具有透明规则和稳定预期的法治环境比短期优惠更具有吸引力，在法治的框架内进行引才政策创新已经成为趋势。美国的移民法可追溯到1776年建国开始，国会授权总统保证进入美国的外国人没有疾病并且品行端正，此后有关移民的法律和规定相继出台，经多次修改，最终形成了世界上最庞大的移民法规体系。20世纪30年代以来，美国颁布了20多部有关就业和劳动保护方面的法规，以减少和避免就业领域存在的种族、身份、宗教歧视等行为，为来自不同国家和地区的人才提供了充分的权利保障[204]。美国还通过一套完整的知识产权法律体系，为人才创造知识产权提供良好的法律支撑。

b. 国际人才管理政策从一维走向多维

人才迸发创新活力，不仅需要自身技能，也需要项目、资金、政策等诸多要素的对接。当前国际人才管理政策创新的一个突出趋势是从过去单纯围绕人才谈人才的一

维政策创新，转向以人才政策为核心，同时关注科技、教育、外交、经贸等多维度的政策协同创新。在美国，引进人才除了移民相关的政策改革和创新之外，很重要的一个途径是通过科技、教育、研发等领域的政策创新推动。美国人才战略的一个重要内容就是主导创新，重点扶持和培养高风险、高回报性及跨领域研究人才。美国规定联邦政府研究机构预算中至少8%用于机构的自主研发投入，以促进高风险、高回报性研究。同时，出台各种激励措施，加大知识产权保护，加大税收优惠政策的实施力度。

人才引进只是第一步，更重要的是合理、高效地使用人才。美国人才竞争激烈，但由于市场完善，人才供求的双方能够在市场机制的自发调节、吸引、整合、推进之下，通过公开、公平、公正的竞争进行双向选择，实现人才要素与其他要素的最佳组合，使各类人才总体上朝着自身贡献最大的方向流动。同时，美国联邦政府扮演着市场与人才之间的经纪人角色，联邦政府出资聘请人才管理专家对人才资源管理过程中的每个环节和细节进行设计，形成相对固定的运作模式后，指导地方政府和企业进行人才资源的规划与征募、人才质量的核定、人才岗位的测试与培训、人才效能的激发与开发[205]。

c. 国际人才引进凸显靶向性和储备性

当今世界，新一轮科技革命和产业变革正孕育兴起，美国对人才的需求，尤其是对高端人才的需求不断增加。到2022年，《美国竞争力法案》及其后的政策调整强调吸引全球顶尖人才，以保持美国在全球创新中的主导地位。《美国制造业回流指数》显示，制造业回流与自动化技术的发展打开了美国对高技能人才的缺口，预计在未来几年中，美国STEM领域的工作岗位数量将比非STEM领域的美国劳动力数量增长快40%左右[206]。

d. 健全社会保障体系，优化生活环境

美国拥有十分完善的社会福利制度、退休金制度和医疗保险制度，再加上比较成熟的住房市场，可确保移民美国者的生活无忧。生活水平的差距，加上工作机会的差距，成为众多国际人才移居美国的主要因素。美国也会通过组织国际学生协会和文化俱乐部等，提供形式多样的文化和社交活动，帮助留学生和外籍工作者更好地融入当

地社会[207]。

e. 市场机制介入人才服务机制

政府制定法律并通过法律手段对人才市场及人才服务业进行规范管理。对于社会性人才资源配置，政府主要通过法律手段进行规范管理。在具体管理、运作上不经手、不干预，切实达到了政企分开，让企业自主择人，人才自主择业。在人才资源配置和人才就业、人才市场活动方面，美国从联邦到地方各州，都分别制定了相关法律。由于美国实行高度市场化的市场经济体制，其人力资源配置业达到了高度市场化。人才配置、人才就业在法律允许的范围内，比较充分地发挥出了市场机制的作用。美国通过建立完善的市场机制和体系，推动人才资源配置依靠市场进行调节和整合，促进有效竞争的供给和需求双向选择，让人才资源得到最大化利用。同时，为国际人才提供实验室和平台等优质的科研与创业环境，设立多项科研人才科学奖项。

（2）德国

德国十分注重对具有科学潜力人才和杰出青年科学家的发掘和吸引。德国政府没有具体的科学家和科技人才的引进战略，但德国外交部和教研部是该项工作的主要资金来源和政策指导部门，它们通过设立研究奖学金和研究基金吸引国外杰出青年科学家和具有国际科学成就的科学家来德国进行短期或中长期的科研工作、科研合作，激发本国科学活力以及建立国际研究人脉网络，其中以科研机构的海外招聘和洪堡基金为主要人才引进渠道。

a. 设立国际知名奖项，重金吸引海外高端人才

德国设有若干国际人才引进奖项，例如莱布尼茨奖、洪堡教席奖、索菲亚奖等。其中，洪堡教席奖的奖金最高有500万欧元，可用作劳务费、设备费、科研人员招募等支出。莱布尼茨奖的奖金也能在7年内完全自主使用并且其中一部分也能用于发放科研人员的工资。这些奖项的设置不但给引进人才在项目研究时提供最大限度的自由，也为人才提供了一份在国际上具有竞争力的薪水以保障其研究期间的家庭、教育、医疗等开销，最大程度地帮助研究人员尽可能无后顾之忧、全身心地留在德国投入研究[208]。

b. 一流医疗环境，保障人才待遇

德国实施的是强制性的医疗保险制度，所有居住在德国的人，包括国际人才，都必须参加医疗保险。这一制度由1883年的《疾病保险法》确立，并随着时间推移不断完善和发展。德国的医疗保险体系以其全面覆盖、服务层次丰富而著称，包括预防、早期诊断、治疗和康复等各个环节，同时还有疾病津贴、丧葬补贴和生育优惠待遇等。德国的医疗保险体系强调社会公平和互助，通过"疾病基金"进行分散化运行，使得国际人才及其家庭在德国能够享受到与本国公民相同的医疗服务和保障。此外，德国的医疗保险体系还特别注重疾病预防和早期诊断，体现了对国际人才健康的高度关注和投入[209]。

c. 国家制定人才战略，政府部门积极作为

第一，德国人才战略具有明显的国家干预特点，各级政府在教育和人才规划方面发挥积极作用。从普鲁士教育体系建立，德国劳动力市场与职业教育研究与规划，到最近十几年加强高科技和紧缺人才的外国移民和本国人才保留，都有明显的政府主导和积极政策的影响。

第二，行之有效的法律体系是国际人才管理的依据。德国一直注重立法保障技术移民管理工作的有序推进。2005年德国颁布《移民法》，进一步放宽了外籍高级人才引进的限制。2012年德国开始颁发欧盟蓝卡，持卡人可以在整个欧盟地区享有与本地公民同等的权利。2014年德国出台关于双重国籍的新规定，在德国长大和完成中学学业的移民可保留双重国籍。2020年德国正式实施《技术移民法》。可见，德国不断完善的移民法律制度体系，为吸引技术移民创造了良好的制度条件[210]。

第三，制定有产业针对性的引才政策。德国政府及时发现其产业人才缺口，适时制定"绿卡计划"，引进大批IT领域人才，帮助德国的IT产业发展实现弯道超车[211]。

d. 着眼教育培训，强化后备人才储备

德国在教育培训领域高度重视后备人才的储备，采取了多种策略来提升人才培养质量。首先，德国的教育体系注重职业教育与高等教育的平衡发展，双元制教育体系成为其鲜明特色。该体系将理论与实践紧密结合，使学生在学校获取理论知识的同时，也能在企业中进行实践操作，从而培养出能够快速适应工作环境的高技能劳动

力。此外，德国鼓励专科高等院校在科研和创新方面积极探索，通过与企业合作推动科技成果转化，培养学生的创新能力和实践技能。

为拓宽国际视野，德国还积极推动国际教育交流与合作，吸引外国学生来德学习，同时鼓励本国学生出国深造。近年来，德国政府在教育和科研方面的投入持续增加，有效强化了后备人才的储备，为德国的工业和经济发展提供了强有力的支撑，同时推动教育体系适应全球化和数字化时代的挑战，培养符合未来社会需求的人才。

e. 关注创新研究，培育创造性研究团队

早在2007年，弗朗霍夫创新系统研究所发布了题为《创造性能力和创新研究的促进》的报告[212]，旨在探讨组织结构、资金提供模式和领导行为对科学工作的影响。该报告引发了德国学术界和政府的广泛关注，并得出了几个关键结论。首先，团队的构成对研究的成败至关重要。创造性研究往往来源于与其他小组的竞争或合作，小型团队能够更有效地将新课题融入整体研究活动，而大型团队则可能由于繁重的管理任务和社交活动而影响研究进度。

此外，报告强调了联系的重要性，指出如果工作环境能够与研究重点互补，将会提升研究团队的创造性。创造性研究团队还需要充分的自由空间、可支配的时间以及专门的研究经费支持。然而，科研机构的事务性工作负担常常成为影响研究时间的主要障碍。此外，过于僵化的资金申请模式，即根据学科结构和专业方向设定的经费支持，往往也限制了创新研究的实施。

近年来，德国在培育创造性研究团队方面采取了进一步的措施。例如，随着科技发展和数字化转型，许多高等院校和研究机构开始强调跨学科合作，并提供更多灵活的资金支持，以促进创新研究项目的开展。同时，德国政府在促进科研创新方面的投入也在增加，例如"高科技战略2025"的推出，旨在加大对基础研究和应用研究的支持力度，进一步激发科研团队的创造性和合作潜力[213]。

（3）新加坡

a. 建立国际人才融入制度

①国民融合理事会[214]

国民融合理事会成立的目的在于推动和促进新加坡人、外来新移民以及外国人三者之间的融合。当然这种融合并不包括让新移民放弃他们自己的信仰和文化，相反，新加坡鼓励和期望新移民去分享其价值观和经验，以促进新加坡人、新移民以及外国人更好地融合在一起，并集中精力为自己和下一代建设美好家园。国民融合理事会的主要职能包括以下几个方面：提高各方面对移民融合政策重要性的认识。帮助新居民适应新加坡的生活方式，如帮助他们更好地理解当地的文化和社会规范。为新加坡人和新移民的相互交流、成长提供共同空间和平台。促进新加坡人与外来移民共同分享经验，通过相互交流增进相互了解，扩大相互的接纳程度。培养、加深新加坡人和外来移民的情感和归属感。与公众人物、私营部门开展战略合作，达到整个国民融合的目的。努力建立新加坡人和新移民的良好关系，使双方在接触过程中找到各自的角色，达成双向融入的结果。

②国际学生项目[215]

新加坡管理研究院开展了一系列定向项目帮助国际学生适应新加坡的生活。在整个课程学习过程中，学院组织讲座和学习会，给国际学生提供一些在新加坡生活的小提示，在方便他们生活的同时也使学生对新加坡的民族文化、生活有了更深入的了解。此外，他们还组织国际学生参观新加坡的阿拉伯区、印度区、唐人街等，让他们亲身感受新加坡文化的多元性，当地学生也作为导师为国际学生服务，帮助他们扩展当地的社会网络。

③国际研究者俱乐部[216]

随着新加坡科学技术水平的迅速提升，大量的外国研究人员纷纷来到新加坡。在这种背景下，2001年8月，科学机构、技术研究部资助建立了国际研究者俱乐部。其主要任务是吸引和留住到新加坡的国际人才，帮助他们更快、更好地融入新加坡社会。国际研究者俱乐部作为促进外国研究者融入新加坡社会的重要推动力，主要扮演两方面的角色：其一，作为新加坡国际研究者的一站式的社会文化中心，帮助国际研究者快速在新加坡定居，熟悉新加坡的生活直至在新加坡永久定居。其二，作为一个学术交流中心，促进科学的交融。国际研究者俱乐部主要采取以下五方面措施：第一，为成员提供一个互相交流、定期见面的平台；第二，培养成员之间的互动；第三,了解成员以及成员家庭的需求,并对他们提供帮助,促进新加坡社会的融合;第四,满足成员休闲娱乐的需求,同时为成员的家庭和朋友组织社会活动;第五,为成员和成员家庭组织教育、文化、娱乐和福利等方面的活动。

④新加坡公民之旅[217]

新加坡公民之旅是促进新公民融合的一个重要项目,由国民融合理事会、新加坡移民检察权力机关和人民协会三个机构共同推进。新加坡移民检察权力机关是一个政府代理机关,归内政部管理,主要负责新加坡的边境安全。具体职责包括:对进入新加坡的条件和目的不良的人员和货物进行检查;海运、空运的检查;新加坡公民的旅行证件、身份证和各种外来人口的移民通过许可的办理。另外,新加坡移民检察权力机关还负责打击移民罪犯。

⑤成立复原力和参与司[218]

新加坡设立了隶属于文化、社区和青年部的复原力和参与司(Resilience and Engagement Division)。复原力和参与司旨在通过促进共同价值观、公民参与和国家认同,发展强大的公民文化,增强社会凝聚力。该司制定各种方案,以提高公民参与度和政府机构的合作能力,培养积极的公民意识,并塑造一种为共同利益分担责任的文化。

⑥设立社区融合基金[219]

新加坡国民融合理事会于2009年9月开始设立社区融合基金(Community Integration Fund),旨在支持各组织实施基层融合举措。社区融合基金所支持的项目需至少满足以下一个目标,才能考虑获得资助:提供有关新加坡的信息和资源,如提高对当地历史、文化和社会规范的认识;鼓励对新加坡的情感依恋和参与,例如向移民介绍志愿服务机会以及与更广泛的新加坡社会建立联系的途径;鼓励本地人、移民和外国人之间的社会互动,例如为人们提供互动平台,让他们围绕共同的兴趣建立关系;促进积极的融合心态,如加深相互了解。所支持的项目类型包括节日和庆祝活动,基于兴趣的活动(体育、志愿服务、艺术与文化),学习之旅,论坛、研讨会或会议,以及视频和出版物。

b. 打造宜居环境吸引人才

营造打造宜居又可爱（Liveable & Loveable）的城市环境是新加坡市区重建局近年来的重要工作内容[220]。举世闻名的滨海湾通过更新改造，为各民族重大节庆活动、国际赛事提供场所，成为了颇受各民族居民和外国旅客喜爱的"人民湾"。丹戎巴葛地区在当地商业协会的推动下，对商业设施内部、街道空间等位置进行改造，提供免费的休闲、艺术场所，打造平民舞台，为各民族居民提供了展示自我、获得掌声的机会，极大地提高了各族人民归属感。

新加坡在城市环境营造过程中，许多重大环境改造活动都是由当地商业协会、场所管理协会主导的。自2017年起，新加坡还开展了商业提升区试点，并发布了私有公共空间的导则，给社会力量参与环境营造创造了更多可行的路径，进而为城市环境带来了更多的活力和创意[221]。

从硬件建设向软环境提升转变，注重多元化公共服务供给。这些从表面上看都不是针对国际人才的项目，但因其整体增加了公共服务供给，做厚了高质量城市资产，满足了多元人群需求，所以切实使得本国居民和国际人才都受益。因此，把握住国际人才就业中心，提升周边硬环境和软环境，是获得最大效益的选择。

（4）北京

a. 优化法治环境，保障科创人才服务

2024年，北京市颁布《北京国际科技创新中心建设条例》[222]，该条例是关于北京国际科技创新中心建设方向性、基础性、综合性的重要地方性法规，是北京推进"四个中心"功能建设方面具有标志性意义的成果。条例草案共七章七十六条，分为总则、战略规划与建设布局、创新主体与创新活动、创新人才、创新生态、国际开放合作、附则。关于国际人才服务上主要有建立长期稳定的青年科技人才支持和培养机制，开展国际科技交流合作，完善科技服务人才的培养和引进等相关政策，各部门需为创新人才提供全方位的便利服务，包括住房、医疗、子女就学、社保、公积金和工作居住证等方面，并完善创新人才引进落户政策。北京市探索海外高层次人才职称直接认定制度和职业资格互认，允许外籍创新人才按照规定担任重大科研项目主持人或

首席科学家。

此外，市、区人民政府和相关部门将建设高品质人才社区，优化国际学校、国际医院和国际人才公寓的规划布局，提升语言、教育和医疗等公共配套服务水平。北京市还将加强与海关等有关部门合作，推进科研物资通关便利化，建设以研发创新为特色的综合保税区，推动保税研发设计等产业集聚发展。

b. 加强教育投入，建设更多国际合作学校

北京市进一步加强中小学国际学校建设，不断完善国际学校布局，在引进人才密集地区等重点区域，新建一批国际学校，服务国际人才和引进人才子女就读需求，让更多的国际学校在北京落地生根[223]。同时，还将进一步加大高等教育中外合作办学力度，积极推动北京高校与世界知名高校建立全面深入的合作办学关系，通过"暑期学校"吸引国际学生到北京地区高校交流访学，全面提升一流高校建设水平。

c. 积极开展海外人才与科技交流会活动

为加强国际高端人才的沟通交流并促进海外技术与人才的聚集，北京经济技术开发区定期举办"海外人才与科技交流会"[224]，来自国际知名高校的代表以科技成果转化和人才交流为主题，定期组织类似活动，进一步推动海外技术转移和项目落地，助力经济技术开发区的发展。

（5）上海

a. 设立境外人员服务站[225]

从2005年起，上海出入境管理部门在黄浦区新天地、浦东新区联洋、长宁区古北等高档涉外居住社区推广和建设了24家境外人员服务站，就近提供各种涉外服务。境外人员在此可寻求临时住宿登记、居停留证件预受理、法律法规咨询、纠纷调解，以及家政、子女入学政策咨询等服务。

2018年10月27日，上海建立了首个开设在基层社区的，同时也是首个由社会组织参与运营的海外人才服务窗口——"虹桥海外人才荟"，实现了海外人才服务从高端到基层，从生活服务到政策服务的重要延伸[226]。"虹桥海外人才荟"功能包括涉外事务现场受理、咨询与指引、涉外人才生活服务、涉外人才社区融入等三大类。服务人员分为专业队伍、居民区社工和涉外志愿者，其中专业服务人员来自区人社局、公安出入境部门和其他区级职能部门，涉外志愿者则引入了外籍人士服务的专业社会组织。

b. 完善国际人才服务模式

外国人来华工作许可证办理实施"一次告知、二次办结、三次上门"办事承诺，即网上预审环节一次性告知清楚；现场受理环节对于符合预审要求的材料予以办理；如经上述两个环节仍未办结，由工作人员上门服务。建立"一口清"预审机制实行"先批后补"容缺受理，开辟绿色通道服务，开设"12333"新证电话咨询专门通道，打造"线上线下"服务新模式[227]。

c. 优化国际人才医疗环境

上海人才新政20条[228]、30条[229]均提出"鼓励本市保险企业开发适应海外人才医疗需求的商业医疗保险产品，探索搭建面向海外高层次人才的本市保险企业国际商业医疗保险信息统一发布平台。鼓励支持具备条件的医院进一步改善海外人才就医环境、提升相关医护人员外语能力，加强与国内外保险公司合作，加入国际医疗保险的直付网络系统。支持市场主体建立第三方国际医疗保险结算平台"。上海人才新政30条明确提出"在本市部分三甲医院实施国际医疗保险结算服务。"

上海市人社局、医保局出台相关政策明确了在沪工作的外籍人员、获得境外永久（长期）居留权人员以及香港、澳门、台湾居民（统称外籍和港澳台等人员）参加本市职工社会保险的具体规定。根据国家相关法律法规，上述人员应按规定参加职工社会保险，并在满足条件后可申领基本养老金。这些政策为国际人才进一步扫除了在沪创业、就业的障碍。

d. 扩大国际化教育资源供给

上海人才新政20条、30条均提出"积极创造条件，更好地满足外籍人员子女的就读需求。在外籍人员和海外人才集中的区域，增设外籍人员子女学校。研究试点社会力量举办外籍人员子女学校。对引进的海外高层次人才，为其子女入读外籍人员子女学校提供便利。鼓励支持本市中小学为外籍人员子女随班就读创造更好条件[230]。"

(6) 广东省

为推进新时代人才强省战略，加快粤港澳大湾区高水平人才高地建设，广东省为符合条件的高层次人才发放优粤卡，该卡分为A卡和B卡。持卡人在广东省内享受当地居民待遇和优惠便利服务。具体服务包括户籍办理、安居保障、子女入学、社保专属服务、停居留和出入境的便捷服务、港澳签注、小汽车指标、驾照换领服务、知识产权服务及其他专属服务。

持优粤卡A卡的持卡人还享受医疗便利、交通便利、职称申报、特设岗位聘用、配偶就业、子女教育和科研申报指导服务。持卡人及其配偶、子女在许多方面享受专属权益，从而提升了这一区域对高层次人才的吸引力和服务水平。

a. 广州

1）充分保障人才出入便利措施

对已获得来华工作许可和居留许可的外籍高层次人才，其外籍团队成员及科研助手可办理相应期限的工作许可和居留许可。外籍团队成员及科研助手来粤工作的，凭用人单位聘用证明以及外籍高层次人才担保证明，先办理外国人来华工作许可通知，持外国人来华工作许可通知等材料在我国驻外签证机关或在广东省口岸签证机关办理Z字（工作）签证入境后，申办外国人来华工作许可证和工作居留许可。

2）拓宽人才吸引渠道，为吸引高端国际人才持续发力

在国际人才服务上，"海外高水平大学STEM博士人才驿站"[231]由大湾区海外创新资源服务联盟在广州南沙设立，目的是为海外高水平大学STEM（科学、技术、工程和数学）专业的博士人才提供全面的支持。联盟成员包括有海外人才需求并能够提供优质就业或见习岗位的高校、科研院所、行业龙头企业以及专业人力资源服务机构。驿站面向全球排名前200的高水平大学STEM专业博士毕业生、即将毕业的在读博士生、在站博士后或已出站博士后，甚至包括全球排名前200的国内大学STEM专业外籍博士人才。在人才驿站期间，海外人才可获得长达6个月的配套支持。这些支持包括住房、交通、基本保险、实习补贴以及创业支持。具体来说，驿站将为在穗实习和创业期间的入站人才提供住房及广州市内交通保障。

此外，为了确保入站人才的安全和健康，驿站还购买了意外险、医疗险、旅行险

等商业保险。同时，驿站还为入职实习的入站人才提供实习补贴，并在创业支持方面提供创业补贴，用于创业场地和辅导费用。除了这些基本支持外，驿站还提供政务服务、政策辅导、考察调研、法务咨询和文化交流等各类专业服务保障。驿站采用"需求沟通、精准对接、常态跟进"的闭环服务方式，制定了包括入站、在站、出站全流程的"服务清单"，确保为人才提供高标准和高质量的服务[232]。

3) 持续优化各项国际人才服务工作

在国际人才服务方面，广州实现了签证制度办理的四个"最"[233]：最短办理时限，广东省外国专家局签发《外国高端人才确认函》时限压缩至5个工作日，外国人持《外国高端人才确认函》需要加急办理人才签证的，驻外签证机关可在2个工作日内签发。最长签证有效期，人才签证有效期为5至10年，最长可达10年，并可以多次入境，是我国目前有效期最长的签证类型。最长在华停留期，持人才签证多次入境的外国人，在华停留时间一次最长可达180天。最优惠签证待遇，除外国高端人才本人可以申请人才签证外，其配偶及未成年子女也可以申请有效期相同、多次入境的相应种类签证，国际人才及其家属免交签证费和急件费，"零费用"办理。

b. 深圳

1) 实施多方位人才补贴政策

为做好新引进博士人才生活补贴工作，深圳市根据《深圳经济特区人才工作条例》等相关规定，制定《深圳市新引进博士人才生活补贴工作实施办法》[234]。在该办法里，所称新引进博士人才，是指2021年9月1日起，经市、区（含新区、前海合作区）人力资源部门首次引进的具有博士学历（学位）的应届毕业生、在职人才和留学回国人员（以下统称国内新引进博士人才），以及首次在深圳就业的具有博士学历（学位）的港澳台和国际人才（以下统称海外新引进博士人才）。深圳市人社局将根据申请给予人才总额高达10万元人民币的生活补贴。这一补贴将分两次发放，首次为总额的30%，续发为70%，能够为人才落地深圳增加吸引力。

除了普适性的引才补贴政策，深圳市财政局也专门制定关于深圳市境外高端人才和紧缺人才的相关财政补贴申报指南。满足条件在深圳市科技创新、重点发展产业、哲学社会科学领域里工作的境外科研人才、技术技能骨干和高级管理人才，可申请享受该项个税优惠政策。

2）探索科技创新合作区人才服务创新政策

根据国务院《关于印发河套深港科技创新合作区深圳园区发展规划的通知》中提出要实行国际化的就业和社会保障政策。深圳园区推行"白名单"制专业资格管理便利化政策，支持"白名单"内具有港澳职业资格人士经备案后直接提供专业服务（法律服务、证券基金期货等特殊行业除外）。增强劳动力市场灵活性，依照有关法律法规规定，在订立无固定期限劳动合同、设定经济补偿上限等方面探索完善劳动合同制度。

对于在深圳园区从业、已在香港参加当地社会保险并继续保留社会保险关系的香港居民，可以持相关授权机构出具的证明，免于在深圳园区参加基本养老保险和失业保险。允许雇主购买香港雇员补偿保险，鼓励积极研究探索优化工伤保险待遇结构。

3）实行更积极、更开放、更有效的全面人才政策

①创新创业支持举措

深圳市将完善人才创新创业金融支持体系，推动金融机构为高层次人才及其任职企业打造包括"人才贷""人才保""人才债"在内的金融产品，形成相互融合的人才金融链条[235]。同时，深圳市将打造全市知识产权综合服务平台，为创新创业主体和人才提供专利、商标、版权等知识产权的快速获权、确权、维权一站式综合服务[236]。此外，组建专业人才服务队伍，为人才提供政策宣讲、资源对接、项目申报等服务，确保人才在事业发展上得到充分的支持和便利。

②安居保障体系

为构建人才住房多元化保障体系，深圳市将按规定为人才配租或配售保障性住房，并扩大配租房源有效供给。对租住非保障性住房的人才，按标准发放租房补贴，并出台人才安家补贴政策。同时，在人才、科技、产业集聚区域建设一批高品质国际化人才社区（小区），实现人才职住平衡。

③生活服务配套

深圳市将打造教育养老医疗配套宜居环境，为高层次人才子女提供教育保障，确保其顺利转入深圳市义务教育阶段学校就读。为人才父母落户深圳提供便利，建立高

层次人才医疗咨询服务专员制度,提供医疗咨询意见和就医服务保障,并鼓励用人单位为高层次人才提供商业医疗保险补贴支持,健全完善高层次人才健康管理制度[237]。

④政策福利兑现渠道

为提高人才政策的知晓度和可触达性,深圳市将对符合条件的人才及时定向宣传推送政策信息,实现"政策找人"。建设完善"鹏城优才"线上线下一体化服务平台,建立各部门协同工作机制,优化人才政策申报流程,探索"即申即享""免申即享"办法,提高政策兑现效率,持续优化人才体验。

(7) 香港

a. 成立人才服务办公室

根据《2023年施政报告》[238],香港特区政府宣布成立"人才服务办公室"作为专责单位,负责制定并执行人才招揽策略,以及为留港人才提供支援服务。该办公室的成立旨在加强香港对全球人才的吸引力,并支持他们在港的长期发展。通过"人才服务窗口"线上平台,人才服务办公室提供从签证申请到生活适应等一站式服务,确保人才能够顺利地融入香港社会并发挥其专业技能。通过人才服务办公室,香港特区政府展现了对人才的高度渴求和重视,为全球人才提供了一个明确的联络点和服务平台。针对国际人才,办公室将提供额外的语言、文化适应等支持,确保他们能够快速融入香港的工作环境和社会生活。

b. 完善人才发展平台,搭建交流平台

香港特区政府计划设立专门的办公室和专家委员会,推动成立香港国际法律人才培训学院,培养熟悉国际法、普通法、大陆法及国家法制的法律人才。有意向从事法律实务、研究和国际交流的专业人士和学者都有机会进入学院学习。

香港主动面向国际人才,汇集国际人才,举办首届全球人才高峰会[239]。高峰会的核心目标是展示香港在"一国两制"框架下的独特优势,即"背靠祖国、联通世界",并彰显其作为国际人才枢纽的吸引力。此次高峰会汇聚了来自全球及内地的政商和学术界领袖,通过分享经验、促进人才交流和合作,进一步提升香港在国际人才竞争中的地位。高峰会不仅为参与者提供了一个宝贵的平台,还展示了香港极具吸引力的留住人才政策,增强了其作为国家人才门户的竞争力。

c. 一流的医疗服务和与国际接轨的医疗保障机制

香港拥有完善的医疗系统、世界一流的医疗服务设施,执业医师大多具有美国或者英国医师学会会员资格,能够提供优质的服务。另外,香港设有多家公立和私立医院,医疗费用十分合理,而且求医方便。在亚洲,香港被认为是医护水平最高的地方之一[240]。

从医疗保障来看,公共医疗服务面向全体需要服务的人群开放,不管其是否拥有居民身份。公共医疗服务是付费服务,香港居民和合法永久居民与非居民在付费比率上有所不同,居民和合法永久居民可以获得公共财政的补贴,而非居民则要自己承担。

d. 数量充足且办学优良的国际学校

香港在国际学校方面拥有悠久的办学历史、成熟的办学体制以及优异的教学成绩。香港的国际学校体系蓬勃发展,满足非本地家庭以及因工作或投资而来港的家庭的需求。香港有54所国际学校,提供各项非本地课程,包括澳大利亚、加拿大、法国、德国、日本、韩国、新加坡、英国及美国等地方的课程,以及国际文凭课程,远多于亚洲其他地方[241]。香港国际学校的教育制度和课程设置以各个国家的课程为蓝本,课程种类超过10种,这表明香港国际学校能更多地保留原有国家的课程特色。另外,政府对国际学校的招生有硬性规定,学校招收的来港工作或投资的海外家庭子女,或持学生签证来港就学的非本地学生,必须占到学校招生名额的50%。

e. 开放多元且国际化的生活环境

法治、自由且国际化程度高,是大家公认的香港优势之一。具体体现为:第一,法律秩序良好。法律制度公正透明,政府廉洁高效,社会各界法制意识强,诚实守信,重视知识产权保护,按规矩办事,社会治安良好,犯罪率低。第二,国际化优势明显。香港社会自由开放,东西文化交融贯通,英语作为工作语言,与国际高度接轨,外来人才社会融合容易。第三,生活舒适便利。交通、通信、体育、文化等基础设施完善且与国际接轨,生活丰富便利,资讯发达,自然环境良好。

3.3.1.2 广东省人才服务管理的实践探索情况

(1) 强化服务意识

a. 加大"放管服"力度

以深化"放管服"改革为抓手,强化服务意识,满足国际人才的真实需求,营造尊重、关心、支持国际人才创新创业的良好氛围,让各类人才各得其所,让各路高贤大展其长。一是主动延伸服务窗口。例如,广东省外专局在广州大学城设立外国专家服务点,依托服务点开展业务办理、培训交流及意见建议收集等工作[242]。二是下放管理权限。经广东省人民政府同意,将"外国人来华工作许可"审批事项下放至各地市办理,并向自贸试验区下放留学人员和海外专家通关身份认定权限[243]。

b. 积极推动解决人才实际问题

针对国际人才反映的实际问题,鼓励各地市结合实际探索改革。例如,广州、珠海市对国际人才个人自付医疗费用进行"二次报销"[244]。针对留学回国高层次人才住房问题,深圳市采用以货币补贴为主、实物配置为辅的原则统筹解决[245]。对于国际人才随迁外籍配偶和未成年子女的居留与出入境问题,东莞市积极探索,对被评为市特色人才的高层次国际人才,若其尚未获得《外国人永久居留证》,可办理2~5年的居留许可,在居留许可有效期内多次出入境[246]。江门市靠前服务,主动为国际人才排忧解难。通过不定期召集国际人才召开座谈会、到用人单位走访、发放调查问卷等形式,深入听取国际人才的心声和意见建议,并将收集到的情况反馈到相关职能部门,积极协调解决有关问题,为国际人才排忧解难[247]。

c. 促进人才社会融合

让国际人才充分融入当地生活,真实了解广东省发展需求。在省级层面建立联系走访外国专家、领军人才的长效机制,举办领军人才服务"双创"行暨海外高层次人才国情省情研修活动。在地方层面,各地探索开展各种融合活动。例如,顺德区举办各种文化活动来丰富国际人才精神文化生活,每年举办中秋音乐会、新年音乐会等大型活动,搭建国际人才沟通交流平台,促使其融入顺德[248];启动"全球顺德青年英才领袖"发展计划,开展人才联谊、文化沙龙等交流拓展活动,增进人才沟通联系[249]。江门市组织国际人才"五邑行"活动,让国际人才领略本市的风土人情,加深对江门文化的了解；开展"国际人才庆圣诞迎新年"联谊活动，增强国际人才在江门的亲切感和归属感；组织国际人才摄影比赛、征文比赛等活动，鼓励国际人才主动了解江门[250]。

（2）强化协同创新

a. 强化部门协调联动

针对当前广东省国际人才政策的碎片化特征，以问题为导向，强化"协同作战"思维，加强与相关职能部门协调联动。近年来，广东省外专部门牢固树立"一盘棋"的思想，切实履行好国际人才工作主管部门职责，改变以往"单兵作战"做法，重点强化与组织、外事、公安、教育、科技、文化、侨务、宣传等部门的协同合作，形成工作合力。

b. 缩小区域发展差异

广东省国际人才分布与区域经济发展水平紧密相关，欠发达地区在服务国际人才能力、组织及政策等方面都存在明显短板。为改变这一格局，在尊重区域发展差异事实的前提下，分梯度推进珠三角、沿海地区、东西两翼和粤北地区的引才引智工作。珠三角地区重点在把握建设粤港澳大湾区的重大战略机遇，大力吸引和集聚国际高端人才和资本，打造珠三角世界级城市群。沿海地区、东西两翼和粤北地区则要根据不同区位优势、经济特点和产业需求，分类施策、精准发力，扭转引智工作落后局面。

c. 鼓励地方探索创新

为做好国际人才服务管理工作，各地在政策允许范围内，积极探索改革路径与服务方式，形成了不少地方经验。例如。深圳市以管理权限下放为契机，进一步简化申请材料和优化审批流程。根据前海自贸试验区的发展以及大型骨干企业的实际需求，先后通过委托市前海管理局，以及在华为公司设立人才服务站的模式，将外国人来华工作许可、留学人才引进、港澳台人员就业证等相关人才公共服务事项下放，实现全程无须提交纸质材料，用人单位只需到窗口办理一次的服务模式[251]。佛山市实施"互联网+"人才服务，采用线上线下立体互动的服务模式，通过信息化的手段，为引进单位和各类人才搭建供需服务平台，协助企业引进各类紧缺急需的创新型人才。其开发的视频招聘系统，可跨越地域空间界限，让人才和单位供求双方通过"邀约"方式实现"面对面"交流,可提高引进海外人才成效,节约引进成本[252]。

3.3.2 人才服务管理的启示

3.3.2.1 服务需求多样化

实地调研及问卷分析结果表明,在粤不同类别、不同层次的国际人才对职业发展和生活的需求呈现出多样化、个性化特征。由政府提供的一般性、普惠性服务,常常难以满足国际人才的个性化需求。目前,关于国际人才职业发展方面的需求,大多可由用人单位解决,但其更多的生活服务需求,如社会保障、住房安居、子女入学、医疗保健、金融税收、交通出行等方面,尚有较大的改善空间。

(1) 社会保障

整体来看,大多数国际人才不愿意参加国内的养老保险,原因是大多数外国人不打算在中国长期居留,即使符合参加社保条件,但考虑到商业保险可全球通用,有跨国保障等优势,大多数还是选择购买国际商业保险。调查结果显示,仅35.9%的国际人才愿意参加我国的社会保障。但需要关注的是,华裔人才的参保意愿和养老意愿十分强烈:有55.6%的华裔人才表示愿意在中国参加社会保障,有37.8%的华裔人才愿意在中国养老,其意愿与非华裔有显著差异。对华裔人才参保问题,对于退休前养老保险缴费不满15年的,且未获永久居留权人才能否延续缴费,因国家和省政策尚无明确规定,导致部分华裔专家(回国时已超过45岁)退休后无法享受养老待遇。此外,按照现有政策,部分高层次人才只能参加企业职工基本养老保险,达到退休年龄时领取的养老金普遍偏低,会出现"专家养老金不如保姆"的现象,不能充分发挥养老保险的保障价值。

(2) 住房安居

调查数据显示,来粤在粤国际人才有66.8%由单位或雇主提供住房,另外还有26.2%是自己租房,只有4.7%的人自己购房。实地调研中发现,有一些国际人才有较强烈的购房需求,但因广东省部分地市的住房限购政策,国际人才购房资格问题尚未得到解决。

（3）子女入学

国际人才子女入学问题集中表现为两类：一是部分地市（如江门）没有国际学校，国际人才子女需要到广州和深圳等地就读，成本高且极不方便。或者全市仅有一所国际学校，位置较偏又无法实施寄宿制，家长接送成本较高。二是部分华裔人才子女想就读公办学校，但根据现有政策，非高层次人才的外籍子女不能享受与户籍学生同等待遇。

（4）医疗保健

国际人才医疗保健方面反映的问题强烈，且问题多样。一是语言沟通问题。多数医院没有提供外语服务，也没有外语指引，就医不方便。二是医疗信息获取问题。缺乏获取医疗信息的有效渠道，例如患者独立挂号、就医较困难。三是医疗水平与用药习惯差异较大。国际人才更相信大城市的医院，或者直接到香港就医。四是不愿意购买国内医疗保险，认为保险理赔不够便利，觉得医疗报销程序繁琐，且存在医疗保障水平低等问题。

（5）金融税收

金融问题集中在两个方面：一是银行对国际人才信用审查较严格，在申请信用卡时，可申请的信用额度较小，申请贷款较难获批。二是不同银行对于外国人办理银行卡的政策规定不统一，持短期F字签证来粤工作的外国人无法办理银行卡。对于税收问题，主要是税收减免政策难落地，减免程序较烦琐等。

（6）交通出行

交通问题反映也较多。一是公共交通线路图有待完善，公交车站的中英文标识不明显，部分地级市公交站牌没有英文标识。二是国际人才申请驾照较麻烦，外国人所持的国际驾照在国内部分地市不被承认等。三是乘坐火车出行不够便利，虽能用护照通过网络订票，但无法使用自动取票机取票，只能凭护照办理人工取票。

3.3.2.2 改革要求综合化

（1）社会融合环境待改善

当前广东省普遍缺少国际人才融合当地社会的平台与渠道，国际化的人才环境亟待营造。调研中发现，多数国际人才在粤的生活服务基本依赖于用人单位提供的保姆式服务，离开陪同人员，常会遇到很多困难。国际人才获取政策资讯的方式也不够便捷，基本上是通过用人单位将政府的有关通知、资讯转达给国际人才，信息准确性不高，缺少政府层面的专门服务平台或网络。缺少国际人才融入当地社会生活的活动或平台。

（2）人才服务管理信息资源共享待加强

没有建立国际人才的征信系统，对不法外籍人员的监管力度有限。此外，国际人才管理各部门间管理服务信息没有互联互通，造成"信息孤岛"和申请单位重复提交材料现象。

（3）提升人力资源服务产业发展

没有充分利用好市场和社会的力量，政府部门服务人员有限，没有把专业的事情放手给专业的人或机构去办理，出现"吃力不讨好"的现象。人力资源市场整合工作尚需推进，标准化服务尚未建立，专业化程度有待提升。

（4）增强人才政策知晓度与覆盖面

国际人才对当前相关人才政策的知晓水平一般，依托案例研究可知，有32.7%的国际人才对在华工作的相关手续和要求表示不太了解，不了解的占3.2%。从人才优惠政策覆盖面看，仅14.4%的国际人才确定以及享受了人才政策优惠，有39.5%的国际人才确定没有享受到人才政策优惠，还有45.8%表示说不清。相关国际人才政策的宣传与落实仍有待加强。

4 发展路径

4.1 分类施策，多元化供给，优化国际人才政策体系

4.1.1 全面实施人才工作许可、居留、签证、出入境便利制度

一是完善外国人来华工作许可制度。明确根据用人单位和国际人才签订的劳动合同期限前提下，外国高端人才（A）类的工作许可最长可达5年，外国专业人才（B类）的工作许可最长可达3年，个别特殊紧缺的最长可达5年，其他国际人才工作许可最长为1年。探索建立粤港澳大湾区、珠三角与粤东西北外国高端人才智力资源共享的许可制度。充分发挥外国人来华工作许可计点积分制度的地方鼓励性加分办法，增强地方加分制度效用，引导用人单位引进广东省紧缺特殊人才和支持粤东西北地区引进国际人才。

二是完善工作居留许可管理。工作类居留许可的期限与工作许可期限和劳动合同期限相统一。落实外国高端人才工作居留向永久居留转换机制，实现工作许可、居留、签证有效衔接。给予取得人才R字签证的国际人才相应的居留许可待遇。推进持永久居留证件的国际人才享受国民待遇。在国家外国人永久居留制度框架内，对入选国家或广东省引才计划和项目的外国"高精尖缺"人才及其家属，公安机关出入境管理部门可为其优先申办外国人永久居留证件。对急需紧缺人才优先审批。对重点领域、行业引进的国际人才和科技创新团队成员，完善从工作居留向永久居留资格转换的机制并缩短办理时限。对获得广东省内工作类居留许可的外国高端人才，允许在省内自由流动工作。探索完善外国高端人才在粤居住证，使外国高端人才可享受本地居民待遇。

三是落实签证和出入境便利措施。落实《外国人才签证制度实施办法》，完善R

字签证办理程序和外籍高层次、高技能人才认定标准,为符合"高精尖缺"和市场需求导向的国际人才签发《外国高端人才确认函》,大力引进广东省经济社会发展需要的外国高层次和急需紧缺人才,为外国高端人才及其配偶、未成年子女来粤工作生活提供更多签证便利。

四是吸引鼓励外国人投资创业。对外国来粤投资创业者进行分类管理,给予相应的签证和居留许可便利。

4.1.2 强化政策落实

一是落实"人才优粤卡"实施办法。根据《关于我省深化人才发展体制机制改革的实施意见》要求,整合政务服务、社会事务、专业服务、市场服务等各类资源,持卡人可凭"人才优粤卡"在社会保障、购房购车、职称评定等方面与当地居民享受同等待遇,在出入境、长期居留、永久居留、医疗、子女入学、配偶就业、社会保险、入住人才公寓等方面享受优先便利服务。

二是发挥专业机构的作用,用好创新创业沙龙等载体,及时听取国际人才的意见建议,掌握个性需求。推动重点用人单位及时梳理国际人才个性需求,实施在粤国际人才就医和社交助力计划,切实解决国际人才在粤期间的工作生活难题。引导中介机构针对国际人才的个性需求,开发服务产品,提供优质服务。

三是设立"国际人才来粤工作服务窗口",为国际人才及其配偶、未成年子女提供双语公共服务指南,在办理社会保险、就业、入学、就医等方面提供一站式高效便捷服务。建立外国高端人才数据库,动态掌握外国高端人才的相关信息和需求,及时解决其工作、生活及发展中碰到的问题、困难,为外国高端人才提供良好的工作生活环境。

4.1.3 加大政策宣传力度

综合运用传统媒体和新媒体,积极做好政策宣传解读,大力宣传广东省引才引智政策和人才发展环境,宣传国际人才先进典型和事迹,侧重诠释平等合作、互利共赢、共同发展的理念。引导在粤工作的国际人才当好民间交流大使和文化传播使者,讲好广东故事,传播广东声音,着力提高广东人才发展环境的感召力、影响力。提高政策宣传和服务有效性，针对国际人才的政策使用国际通用语言编辑归类、动态发布，利用手机APP、微信公众号等发布相应英文资讯或政策答疑。向国际人才集中的园区、企业免费派发英文版政策核心内容简图及相关事项的办事流程图，在服务窗口设立英文指引等。

4.1.4 定期开展人才服务管理工作政策培训

除加强政府部门服务窗口干部队伍培训外，开展国际人才"一站式服务"政策宣讲，定期对高新区和工业园区管理机构、人才服务平台、重点领域人才实训基地、高新技术企业人力资源部门负责人等开展国际人才管理服务工作政策培训，着重就国际人才来华工作等政策进行解读，提升政策知晓度和执行力，打造具有先进理念和国际视野的高端国际人才管理服务队伍。

4.2 需求导向，协同推进，提高人才服务管理水平

4.2.1 健全国际人才社会保障体系

保障国际人才按规定参加和享有基本养老、医疗等社会保险。国际人才参保缴费、办理社会保险关系转移接续、享受各项社会保险待遇等，与省内其他职工享有同等权利。探索研究解决早期在粤工作现已加入外国国籍的华裔人才来粤工作的社保接续问题。试行实施允许外籍高层次人才及其配偶享受广东省居民基本养老保险延缴和补缴政策，对达到法定退休年龄，累计缴费不足15年的，可以延缴；对男性满65周岁，女性满60周岁时缴费年限仍不足15年的，可一次性趸缴，并可补缴其在粤建立劳动关系以来的应缴未缴的养老保险费。鼓励用人单位视实际需求购买商业医疗保险、意外伤害险，为国际人才提供更加完善的社会保障。

4.2.2 改善国际人才居住条件

国际人才可在工作地缴纳和使用住房公积金，并按规定购买住房。外国高端人才住房公积金贷款方面享受市民待遇。鼓励各地区将外国高端、高技能人才纳入当地人

才安居工程和购房优惠政策范围。支持用人单位通过提供购房房贷贴息、房租补贴等形式改善国际人才住房条件。鼓励试点地区为国际人才提供人才公寓等住房保障服务。

4.2.3 完善国际人才子女教育服务体系

研究制定加强国际人才子女入学权益保障相关规定。对于幼儿园和义务教育阶段，可按照就近原则提供入学保障，充分考虑国际人才来华工作特殊性，允许其子女插班就读；对于持A类外国人来华工作许可证的国际人才，可尽量满足其子女入学需求。支持社会力量兴办国际学校，满足国际人才多样化教育需求。

4.2.4 落实国际人才医疗保健待遇

支持三甲医院建立和发展国际医疗中心和国际医疗部，为国际人才提供与国际接轨的医疗服务，设立外语诊疗门诊，提供外语接诊分诊服务，进一步完善国际人才导医服务。支持符合条件的医院、诊疗中心与国内外高端商业保险公司合作，提供医疗保险直接赔付服务。扶持外资医院提供国际化医疗服务。健全国际人才医疗保障机制，国际人才达到退休年龄时职工基本医疗保险缴费年限不符合规定条件的，可一次性补缴后享受退休人员医疗保险待遇。为国际人才参加职工基本医疗保险提供便利化服务。

4.2.5 提升国际人才金融税收服务

允许通过用人单位担保的方式，为持A类外国人来华工作许可证的国际人才办理小额信用卡。优化国际人才申请借记卡、购付汇等服务，允许国际人才凭永久居留证开设银行账户，到指定外汇银行办理购付汇手续，适当放宽国际人才用汇结汇汇款额度，并研究开展后续金融服务。

4.2.6 营造国际化人才融入环境

丰富国际人才生活服务内容，优化中英文双语环境建设，最大限度地提供便利的网络、交通、旅游服务，为国际人才生活、出行提供便利；为国际人才提供图书借阅、校园健身、公园年卡游览、节庆文艺活动等生活服务，享受市民同等待遇，促进国际人才社会融入。

4.3 面向全球，聚焦高端，开展体制机制创新

4.3.1 扩大国际人才吸引范围

一是建议在粤高校就读的外国学生，经所在高校同意并出具推荐函，可以申请在学习类居留许可上加注"创业"，在广东省内特定单位从事兼职创业活动。

二是建议将允许就业的外籍高校毕业生的学历要求扩展到特定专业的本科层次人才，即制定符合广东省经济社会发展需要的本科层次专业清单，并进行动态调整，在粤高校或国（境）外高水平大学（QS世界大学排名前50名大学）取得本科及以上学历，并拟在广东省从事与清单专业相关工作的外籍毕业生可以办理工作许可。政策实施两年后，建议考虑将外籍毕业生毕业高校的范围扩展到广东省外"211工程"高校。

三是建议加大对能解决关键技术和工艺难题的高技能人才的引进力度。对广东省认定的高新技术企业急需紧缺的外籍高技能人才，可适当优化工资收入和纳税规定标准，进一步吸引人才。

四是建议出台政策，使国际人才的外籍科研辅助人员凭外国人工作许可证和担保函件等，可以办理与国际人才的外国人工作许可证期限一致的工作类居留许可，以此帮助国际人才更好地配备团队，保证团队的稳定性，使国际人才的作用得到更好的发挥。

五是建议引进人力资源服务、科技服务、管理咨询服务等领域的国际人才，提升此类人才的签证和停居留便利化程度，推动广东省服务业国际化发展，升级业态内容和水平。

4.3.2 提升供求对接质量效率

一是建议建立国际人才来粤意愿信息系统，实现国际人才在海外即可申请，有意愿来粤工作的国际人才可在此系统中在线填写个人信息，供广东省和各地市的引才相

关部门和用人单位检索浏览,并可以按照具体需求进行检索。同时,将积分制和雇主担保制嵌入系统,由系统自动计分和排名,用人单位可以在线担保。根据积分结果和担保情况,政府部门可对在什么时间、以何种规模吸引哪些国际人才有所控制,加强主动性和可控性,同时掌握供求双方的大数据信息。对于用人单位而言,该系统有利于他们方便快捷地发现人才,提高了供求对接效率。

二是建议吸引具有国际竞争力的国外人力资源猎头公司进驻,允许外商独资猎头公司在广东省设立总部或分支机构,使其充分发挥供求对接桥梁作用。

三是建议更大力度组织广东省中小企业家赴海外考察和邀请包括退休专家在内的国际人才来粤考察,并补贴部分费用,支持广东省中小企业家与国际人才深度交流对接,助力国际人才的科研成果在广东市场高效转化。

4.3.3 完善国际人才评价机制

一是建议完善广东省各级各类引才政策的评价发现机制。对顶尖国际人才实行"一事一议"、精准评价。研究制定特殊领域的特殊评价指标、标准和方式。

二是建议授权并鼓励在粤港澳大湾区范围内,根据各地市发展需求制定差异化的国际人才在华永久居留积分评估标准,吸引不同地区发展实际需要的国际人才。

三是为提高国际人才评价的有效性,建议提供国际通用职业技能资格证书指导目录及与各级技师相当的对应标准。建议明确非中文证明材料需提供具备翻译资质机构出具的翻译件,并指定一些较权威的翻译机构供各地区审批单位复核存疑翻译件。

4.3.4 优化国际人才使用配置

一是建议进一步推进广东省各类科研资源对国际人才开放,支持国际人才担任重大项目负责人,探索设立面向国际人才的专门科研项目。加大面向国际人才的科研项目推介和解读力度。这将有效扩大国际人才在广东省科研领域发挥作用的空间,同时有利于进一步吸引国际人才来粤发展。

二是建议支持国际人才职业便利化。建议建立境外职业资格和职称比照认定及衔接机制。设立专门的评估机构,负责对境外获得的职业资格和职称进行科学评估认定。与各国相关职业资格认证机构建立合作关系,推动国与国之间的资质互认,为国际人才提供更加便捷的入职通道。制定广东省相应的标准和流程，使境外职业资格和职称的认定更加规范化、系统化。

三是支持国际人才来粤创新创业。建议优化营商环境，进一步简化企业注册和审批流程，提高行政效率，以便于国际人才更顺利地开展业务。同时，完善创业融资服务，包括建立专门的资金支持渠道和风险投资机制，提供低息贷款和创业补助。此外，建议充分利用现有的政策激励措施，如税收减免和创业指导，吸引更多国际人才来粤创新创业。

4.3.5 加大国际人才激励力度

一是建议允许国际人才参评省级和市级科学技术奖项，赋予其公平竞争的权利，增强国际人才归属感，进一步激励国际人才发挥作用。

二是建议完善事业单位、国有企业引进国际人才的收入分配和激励政策，建立薪酬增长机制；高端人才及其团队薪酬可在工资总额中单列，不受单位工资总额限制；支持国际人才按照知识、技术、管理、技能等创新要素贡献参与分配，实行期权、股权激励等中长期激励政策。

三是建议开展国际人才创办科技型企业享受国民待遇试点。试点可以覆盖注册、融资、税收等多个层面，确保国际人才与本地企业享有同等的政策支持和便利待遇。同时，建议建立专项服务团队，针对国际企业的需求，提供一对一的指导和支持，帮助他们解决在创办和运营过程中遇到的各种问题。此外，建议定期举办交流活动和创新赛事，鼓励国际人才与本土企业开展合作与技术共享，推动科技成果转化。

4.3.6 建立国际人才融入机制

一是建议对广州、深圳等国际人才较集中的城市和区域，在城市管理方面提升其国际化水平。各类公共服务设施和街道标识牌、建筑门牌，配备中英双语。设立英文公共服务热线。加强对国际人才相关业务窗口工作人员的培训，提升其服务质量和效率。

二是建议引入市场机制、社会力量，为国际人才提供社会融入所需的信息、建议和帮助。有针对性地为国际人才提供中文语言、传统文化、中国法律、国情省情等培训,以及法律咨询、纠纷调解、知识产权维权、参观考察、节庆活动、文体活动、交流分享活动等服务,支持用人单位和社会组织提供汉语语言学习的服务。提供"线上+线下"国际人才交流服务,定期联系高层次国际人才,主动了解其需求、意见和建议,并提供相关帮助。为高层次国际人才提供创新创业、落户居留、住房保障、医疗保健、配偶安置、子女入园就学等定制服务,满足个性化需求。

4.3.7 加强国际人才吸引合力

一是建议建立粤港澳大湾区内的跨区域人才合作平台,通过数字化平台集中展示大湾区的人才政策和发展机遇,有效提高信息透明度,不同地市之间可以共享人才政策、信息和资源,形成合力,方便国际人才了解并申请在大湾区发展的机会。

二是建议推动大湾区内国际人才吸引举措的整合优化,以简化申请流程,减少行政壁垒,提高整体吸引力。定期举办大湾区国际人才招聘会,展示大湾区的经济发展机会和良好生活环境,吸引更多高素质国际人才参与大湾区发展。

附表1

广东省国际人才政策情况调查表

尊敬的女士/先生：

本项目由广东省科技合作研究促进中心发起，面向具有海外留学或工作背景的高层次人才，旨在了解广东省国际人才政策相关情况。我们承诺：对您提供的调查资料将按照《统计法》给予严格保密，并只用于科学研究，不做任何商业用途，您不需要有任何顾虑。本问卷的所有题目没有标准答案，您根据自身情况如实作答即可，再次感谢您的参与！

1.您的性别是：

○男　○女

2.您的年龄是：

○30岁及以下　○31～40岁　○41～50岁　○51岁及以上

3.您的最高学历是：

○博士　○硕士　○本科及以下

4.您的专业技术职称是：

○正高级　○副高级　○中级职称　○初级职称　○无

5.您是否有海外留学或工作经历：

○是，留学或工作地点所在的国家及年限＿＿＿＿＿＿　○否

6.您目前的国籍是：

○外国国籍　○中国国籍

7.您目前所从事的行业领域为：

○新一代信息技术　○高端装备与智能制造　○生物医药与健康　○环保低碳　○新能源　○新材料　○农业农村　○数字经济　○服务业　○其他，请注明＿＿＿＿＿＿

8. 您的在华工作时间是：

○10年及以上　○6～9年　○5年及以下　○从未在华工作

（如选择前三项）您目前是否在粤工作：

○是　○否

（如从未在华工作）原因是否与广东省国际人才政策有关：

○是　○否

9. 您目前工作单位的性质是：

○政府机构　○企业　○高校　○科研机构　○其他，请注明_____

10. 您是否清楚广东省国际人才政策的相关内容：

○非常清楚　○比较清楚　○清楚　○不太清楚　○不清楚

（如选择前三项）您觉得广东省国际人才政策内容是否具有易读性？

○是　○否

11. 您是否经常关注广东省国际人才相关政策：

○经常关注　○比较关注　○关注　○很少关注　○不关注

12. 您了解广东省国际人才相关政策的主要途径是：

○政府部门相关文件　○单位学习传达　○网络、报刊、电视等媒体　○朋友/同事告知　○其他，请注明_____

13. 您认为广东省国际人才政策中，哪类政策对实施人才强国战略作用最大？（请选择主要3项）

○人才引进　○人才培养　○人才流动　○人才评价　○人才激励　○人才服务保障

14. 针对国际人才，您认为引才和留才的关键因素是什么？（请选择主要3项）

○工资待遇和奖励补贴　○工作环境　○居留和出入境便利　○发展机遇　○落户　○配偶就业　○子女入学　○医疗服务　○社会保险　○其他，请写明_____

15. 您对广东省国际人才相关政策执行情况的了解程度：

○非常了解　○比较了解　○了解　○不太了解　○不了解

16. 您是否享受了您认为可享受的广东省国际人才配套政策？

（1）○享受了相关政策

具体为（多选）： ○工资待遇和奖励补贴 ○工作环境 ○居留和出入境便利 ○落户 ○配偶就业 ○子女入学 ○医疗服务 ○社会保险 ○其他，请写明_____

（选择以上选项，对应出现以下题目）

您对工资待遇和奖励补贴的评价如何？

○非常满意 ○比较满意 ○满意 ○不太满意 ○不满意

您对工作环境的评价如何？

○非常满意 ○比较满意 ○满意 ○不太满意 ○不满意

您对居留与出入境便利的评价如何？

○非常满意 ○比较满意 ○满意 ○不太满意 ○不满意

您对落户的配套政策评价如何？

○非常满意 ○比较满意 ○满意 ○不太满意 ○不满意

您对配偶就业的配套政策评价如何？

○非常满意 ○比较满意 ○满意 ○不太满意 ○不满意

您对子女入学的配套政策评价如何？

○非常满意 ○比较满意 ○满意 ○不太满意 ○不满意

您对医疗服务和社会保险的配套政策评价如何？

○非常满意 ○比较满意 ○满意 ○不太满意 ○不满意

您对其他配套政策的评价如何？

○非常满意 ○比较满意 ○满意 ○不太满意 ○不满意

（2）○没有完全享受相关政策

您个人认为的主要原因是（请选择主要3项）：

○政策宣传不到位 ○政策缺乏吸引力 ○政策兑现时间长 ○办理手续复杂，成本较高 ○部门执行不到位 ○其他，请写明_____

17.您认为广东省国际人才政策中竞争性评审类专项政策有哪些改进措施（多选）？

○选取具有国际视野的高水平评审专家 ○完善评审制度 ○加大针对团队和平

台的资助力度　○建立绩效考核机制　○其他，请写明_____

18.您认为广东省国际人才政策制定过程中存在的主要问题是什么？（多选）

○政策未达到痛点　○政策缺乏连续性　○政策扶持力度不够　○其他，请写明_

19.您认为广东省国际人才政策执行过程中存在的主要问题是什么？（请选择主要3项）

○政策文件冲突，衔接不顺畅　○执行手续复杂　○执行周期和资助兑现时间长　○部门协调不到位　○工作人员不熟悉政策　○后续持续配套服务跟不上　○其他，请写明_____

20.您认为广东省国际人才政策应从哪些方面进行改进，具体意见和建议。（必填）

_____

_____

_____

附表2

广东省国际人才政策访谈提纲

一、访谈概要

（一）访谈目的

面向国际人才、高校和科研院所人才工作者、政府科技部门工作人员进行访谈，听取政策对象和政策执行者的意见和建议。

（二）访谈座谈对象

在广东工作的国际人才，高校和科研院所的人才工作者，政府有关部门的工作人员等。

二、问题提纲

（一）面向国际人才的访谈

1. 您了解政策的渠道是什么？

2. 您对政策的了解程度如何？

3. 广东省国际人才政策的配套政策中，您最满意的是哪几个方面，最不满意的是哪些方面？（包括：工资待遇和奖励补贴、工作环境、居留和出入境便利、发展机遇、落户、配偶就业、子女入学、医疗服务、社会保险等）

4. 针对您不满意的配套政策，您觉得问题出在哪儿？

5. 您认为广东省国际人才政策执行过程中存在的主要问题是什么？（包括：政策文件冲突，衔接不顺畅；执行手续复杂；执行周期和资助兑现时间长；部门协调不到位；工作人员不熟悉政策；后续持续配套服务跟不上等）

6. 您认为广东省国际人才政策应从哪些方面改进？

（二）面向高校科研院所的人才工作者、政府有关部门的工作人员的访谈

1. 您认为广东省国际人才政策对本地区、本单位的作用如何？其中最有效率的政策点是什么？

2. 您部门或您所负责执行的政策总体情况如何？取得了什么效益？

3. 您认为当前广东省国际政策执行过程存在什么问题？原因是什么？

4. 您对进一步改善您部门所执行政策的建议是什么？

参考文献

[1] 国务院发展研究中心创新发展研究部课题组.全球科技创新趋势的研判与应对[EB/OL].(2021-01-22)[2024-10-18].http://theory.people.com.cn/n1/2021/0122/c40531-32008252.html.

[2] 新华网.全国科技大会 国家科学技术奖励大会 两院院士大会在京召开 习近平为国家最高科学技术奖获得者等颁奖并发表重要讲话[EB/OL].(2024-06-24)[2024-10-25].http://www.qstheory.cn/yaowen/2024-06/24/c_1130167392.htm.

[3] 新华网.习近平:高举中国特色社会主义伟大旗帜 为全面建设社会主义现代化国家而团结奋斗——在中国共产党第二十次全国代表大会上的报告[EB/OL].(2022-10-25)[2024-10-25].http://www.qstheory.cn/yaowen/2022-10/25/c_1129079926.htm.

[4] 郭传杰.应更着眼于创新生态体系建设[EB/OL].(2020-09-30)[2024-10-25].https://news.sciencenet.cn/sbhtmlnews/2020/9/358040.shtm.

[5] 胡再勇.加快形成开放创新生态:理念、路径与措施[J].当代中国与世界,2023,(01):67-72,128.

[6] 林勇,张昊.开放式创新生态系统演化的微观机理及价值[J].研究与发展管理,2020,32(2):133-143.

[7] West J,Wood D.Creating and evolving an open innovation ecosystem:Lessons from Symbian Ltd[R].St.Gallen:University of St.Gallen,2008.

[8] 解学梅,王宏伟.开放式创新生态系统价值共创模式与机制研究[J].科学学研究,2020,38(5):912-924.

[9] Adner R.Match your innovation strategy to your innovation ecosystem[J].Harvard Business Review,2006,84(4):1-11.

[10] Estrin J.Closing the Innovation Gap:Reigniting the Spark of Creativity in A Global Economy[M].New York:McGraw-Hill Companies,2009.

[11] 何秀超.营造具有全球竞争力的开放创新生态[EB/OL].(2024.07.15)[2024.07.15].http://theory.people.com.cn/n1/2024/0715/c40531-40277704.html.

[12] 张震宇,陈劲.基于开放式创新模式的企业创新资源构成、特征及其管理[J].科学学与科学技术管理,2008,29(11):61-65.

[13] Fransman M.Innovation in the new ICT ecosystem[J].Communications & Strategies,2009,68(4):89-109.

[14] Fukuda K, Watanabe C.Japanese and US perspectives on the national innovation ecosystem[J]. Technology in Society, 2008, 30(1): 49-63.

[15] European Union.Horizon Europe strategic plan 2025-2027[EB/OL].(2024-03-20)[2024-10-26]. https://op.europa.eu/en/publication-detail/-/publication/6abcc8e7-e685-11ee-8b2b-01aa75ed71a1.

[16] THE WHITE HOUSE.White House Office of Science and Technology Policy Releases Updated Critical and Emerging Technologies List[EB/OL].(2024-02-12)[2024-10-26]. https://www.whitehouse.gov/ostp/news-updates/2024/02/12/white-house-office-of-science-and-technology-policy-releases-updated-critical-and-emerging-technologies-list/.

[17] 北京国际科技创新中心. 从2024中关村论坛看科技创新——从"中国的硅谷"到"世界的中关村"[EB/OL].(2024-04-29)[2024-10-26]. https://www.ncsti.gov.cn/kjdt/ztbd/2024zgclt/202404/t20240429_155228.html.

[18] 操友根, 任声策, 杜梅. 具有全球竞争力的开放创新生态建设[J]. 科学学研究, 2024, 42(09): 1979-1987.

[19] 冯昭奎. 科技全球化的潮流与逆流: 兼论中国应对科技全球化的历程与对策[J]. 国际展望, 2019, 11(3): 55-77, 158-159.

[20] 王通讯. 人才国际化与国际化人才[C]//中国未来研究会, 中国管理科学研究院. 第四届中国杰出管理者年会论文集. 中国人事科学研究院, 2008: 8.

[21] 黄湘闽. 国际人才与国际人才环境[J]. 中国人才, 2011, (01): 76-77.

[22] 魏华颖. 北京吸引国际人才对策探析[J]. 人口与经济, 2011, (02): 92-94.

[23] 寸守栋, 姚凯. 基于人力资本价值链理论的中国城市国际人才集聚研究[J]. 科技进步与对策, 2020, 37(21): 46-55.

[24] 杜静, 李丽君. 滨海新区国际人才激励模式探究: 基于"比较心理"的视角[J]. 开发研究, 2012, (04): 144-146.

[25] 上海交通大学. 霍普克罗夫特院士获国际科学技术合作奖—新闻—科学网[EB/OL].(2024-06-24)[2024-10-26]. https://news.sciencenet.cn/htmlnews/2024/6/525087.shtm.

[26] 王桂军, 卢潇潇. "一带一路"倡议与中国企业升级[J]. 中国工业经济, 2019, (03): 43-61.

[27] 潘妙涓, 杨院. 美国硅谷科技创新体系的转型发展探析[J]. 中国高校科技, 2023, (09): 41-46.

[28] 耿燕, 吴陆生, 张业倩, 等. 广东省海外高层次人才政策变迁及发展趋势[J]. 科技管理研究, 2024, 44(17): 38-46.

[29] 周衍冰. 新加坡在国际人才竞争中的实践及启示[J]. 中国领导科学, 2023, (04): 122-128.

[30]习近平．在广东考察工作时的讲话［EB/OL］．（2012-12-07）[2024-10-27]．https：//jhsjk.people.cn/article/28159798.

[31]习近平．在参加全国政协十二届一次会议科协、科技界委员联组讨论时的讲话［EB/OL］．（2013-03-04）[2024-10-27]．https://www.xuexi.cn/lgpage/detail/index.html?id=14750664607282452210&item_id=14750664607282452210.

[32]习近平．参加十二届全国人大一次会议上海代表团审议并作重要讲话［EB/OL］．（2013-03-05）[2024-10-27]．https://www.xuexi.cn/bcb2fe8b80560f8be9ef32116613487f/e43e220633a65f9b6d8b53712cba9caa.html.

[33]习近平．在十八届中央政治局第九次集体学习时的讲话［EB/OL］．（2013-09-30）[2024-10-27]．https：//jhsjk.people.cn/article/30605179.

[34]习近平．不拒众流方为江海 中国永做学习大国［EB/OL］．（2014-05-23）[2024-10-27]．https://www.gov.cn/xinwen/2014-05/23/content_2686031.htm.

[35]习近平．在中国科学院第十七次院士大会、中国工程院第十二次院士大会上的讲话［EB/OL］．（2016-05-31）[2024-10-27]．https：//jhsjk.people.cn/article/28398570.

[36]习近平．坚定不移创新创新再创新 加快创新型国家建设步伐［EB/OL］．（2014-06-10）[2024-10-27]．http://www.banyuetan.org/chcontent/zx/yw/2014610/103499.shtml.

[37]习近平．在庆祝全国人民代表大会成立六十周年大会上的讲话［EB/OL］．（2019-09-15）[2024-10-27]．http://www.qstheory.cn/dukan/qs/2019-09/15/c_1124994844.htm.

[38]习近平．在省部级主要领导干部学习贯彻党的十八届五中全会精神专题研讨班上的讲话［EB/OL］．（2016-01-18）[2024-10-27]．https://china.huanqiu.com/article/9CaKrnJVpbm.

[39]习近平．在网络安全和信息化工作座谈会上的讲话［EB/OL］．（2016-04-25）[2024-10-27]．https://www.rmzxb.com.cn/c/2016-04-25/783526.shtml.

[40]习近平．加大改革落实工作力度 让人才创新创造活力充分迸发［EB/OL］．（2016-05-06）[2024-10-27]．https://www.gov.cn/xinwen/2016-05/06/content_5070988.htm.

[41]习近平．为建设世界科技强国而奋斗［EB/OL］．（2016-05-30）[2024-10-27]．https://www.rmzxb.com.cn/c/2016-05-31/844120.shtml.

[42]习近平．在庆祝中国共产党成立95周年大会上的讲话［EB/OL］．（2016-07-01）[2024-10-27]．https://www.gov.cn/xinwen/2021-04/15/content_5599747.htm.

[43]习近平．在看望参加全国政协十二届五次会议的民进、农工党、九三学社委员时的讲话［EB/OL］．（2017-03-04）[2024-10-27]．https://www.xuexi.cn/6b9c852f108b82183a416406d48ee767/e43e220633

a65f9b6d8b53712cba9caa.html.

[44] 习近平. 决胜全面建成小康社会 夺取新时代中国特色社会主义伟大胜利（2017-10-18）[2024-10-27]. https：//www.xuexi.cn/02882008f2aa5c55411a8ca74cbeff8c/e43e220633a65f9b6d8b53712cba9caa.html.

[45] 习近平. 在北京大学师生座谈会上的讲话[EB/OL].（2018-05-02）[2024-10-27]. https：//www.gov.cn/gongbao/content/2018/content_5294413.htm.

[46] 习近平. 在中国科学院第十九次院士大会、中国工程院第十四次院士大会上的讲话[EB/OL].（2018-06-20）[2024-10-27]. https：//www.gov.cn/gongbao/content/2018/content_5299599.htm.

[47] 习近平. 在十九届中央政治局第九次集体学习时的讲话[EB/OL].（2018-10-31）[2024-10-27]. https：//www.xuexi.cn/429f88258b2897476c9730c4d81161ee/e43e220633a65f9b6d8b53712cba9caa.html.

[48] 习近平. 在十九届中央政治局第十八次集体学习时的讲话[EB/OL].（2019-10-24）[2024-10-27]. https：//www.xuexi.cn/lgpage/detail/index.html?id=10502160603287272729.

[49] 习近平. 在中共中央政治局第二十一次集体学习时的讲话[EB/OL].（2020-06-29）[2024-10-27]. https：//www.mem.gov.cn/jjz/ywgz/202007/t20200702_358171.shtml.

[50] 习近平. 在经济社会领域专家座谈会上的讲话[EB/OL].（2020-09-10）[2024-10-27]. https：//www.gov.cn/gongbao/content/2020/content_5541470.htm.

[51] 习近平. 在科学家座谈会上的讲话[EB/OL].（2020-09-30）[2024-10-27]. https：//www.gov.cn/gongbao/content/2020/content_5547627.htm.

[52] 习近平. 在深圳经济特区建立40周年庆祝大会上的讲话[EB/OL].（2020-10-14）[2024-10-27]. https：//www.gov.cn/xinwen/2020-10/14/content_5551299.htm.

[53] 习近平. 在党的十九届五中全会第二次全体会议上的讲话[EB/OL].（2022-09-01）[2024-10-27]. https：//jhsjk.people.cn/article/32516945.

[54] 习近平. 在浦东开发开放30周年庆祝大会上的讲话[EB/OL].（2020-11-12）[2024-10-27]. https：//www.gov.cn/xinwen/2020-11/12/content_5560928.htm.

[55] 习近平. 在中国科学院第二十次院士大会、中国工程院第十五次院士大会、中国科协第十次全国代表大会上的讲话[EB/OL].（2021-05-28）[2024-10-27]. http：//www.cppcc.gov.cn/zxww/2021/05/31/ARTI1622422439957114.shtml.

[56] 习近平. 出席中央人才工作会议并发表重要讲话[EB/OL].（2021-09-27）[2024-10-27]. https：//www.gov.cn/xinwen/2021-09/28/content_5639868.htm.

[57] 习近平. 在中国共产党第二十次全国代表大会上的报告[EB/OL].（2022-10-16）[2024-10-27].

https://www.ccps.gov.cn/zl/20dzl/202210/t20221025_155436.shtml.

[58] 习近平. 在广东考察时强调：坚定不移全面深化改革扩大高水平对外开放 在推进中国式现代化建设中走在前列［EB/OL］.（2023-04-13）[2024-10-27]. https：//www.gov.cn/yaowen/2023-04/13/content_5751308.htm.

[59] 习近平. 主持召开中央全面深化改革委员会第五次会议强调 完善中国特色现代企业制度 建设具有全球竞争力的科技创新开放环境［EB/OL］.（2024-06-11）[2024-10-27]. https：//www.gov.cn/yaowen/liebiao/202406/content_6956762.htm.

[60] 习近平. 在全国科技大会、国家科学技术奖励大会、两院院士大会上的讲话［EB/OL］.（2024-06-24）[2024-10-27]. https：//www.ccps.gov.cn/tpxw/202406/t20240625_163160.shtml.

[61] 习近平. 在中国共产党第二十届中央委员会第三次全体会议上的讲话［EB/OL］.（2024-07-18）[2024-10-27]. https：//www.gov.cn/yaowen/liebiao/202408/content_6968537.htm.

[62] National Science Foundation.The State of U.S.Science and Engineering 2024［EB/OL］.（2024-03-12）[2024-10-27]. https：//ncses.nsf.gov/pubs/nsb20243.

[63] 全球化智库CCG.中国留学发展报告蓝皮书（2023-2024）［EB/OL］.（2024-02-26）[2024-10-30］. http：//www.ccg.org.cn/archives/84288.

[64] 中华人民共和国科学技术部. 中欧签署新一轮联合科研资助协议［EB/OL］.（2022-04-26）[2024-10-30]. https：//most.gov.cn/kjbgz/202204/t20220426_180342.html.

[65] European Union.The Marie Sklodowska-Curie Actions announce €1.25 billion to support cutting-edge research［EB/OL］.（2024-04-23）[2024-10-30]. https：//marie-sklodowska-curie-actions.ec.europa.eu/news/msca-announces-new-call-dates-for-2024-calls.

[66] Government of Canada.Program requirements for the Global Talent Stream［EB/OL］.（2024-08-07）[2024-10-30]. https：//www.canada.ca/en/employment-social-development/services/foreign-workers/global-talent/requirements.html.

[67] World Health Organization.WHO COVID-19 Solidarity Therapeutics Trial［EB/OL］.（2021-08-11）[2024-10-30]. https：//www.who.int/emergencies/diseases/novel-coronavirus-2019/global-research-on-novel-coronavirus-2019-ncov/solidarity-clinical-trial-for-covid-19-treatments

[68] 石磊，熊嘉慧，李金雨，等. 政策工具视角下中国科技人才政策量化分析［J］.科技管理研究，2024，44（05）：22-31.

[69] 光明日报. 我国积极推进全球科技交流合作［EB/OL］.（2022-11-19）[2024-10-30]. https：//www.gov.cn/xinwen/2022-11/19/content_5727817.htm.

[70] 中国科学技术发展战略研究院.美国智库构建中美科技合作新框架的思考与启示[EB/OL].（2023-11-07）[2024-10-30］. https：//www.ciste.org.cn/gjkjwj/zkgd/art/2023/art_2388c41bf6cf4e20ab83427af9cf52ed.html.

[71] 习近平经济思想研究中心.携手开创中欧经贸合作新时代 推动建设开放型世界经济[EB/OL].（2024-05-31）[2024-10-30］. https：//www.ndrc.gov.cn/xwdt/ztzl/NEW_srxxgcjjpjjsx/yjcg/zw/202405/t20240531_1386605.html.

[72] 广州市公安局.外籍高层次人才申请办理R字（人才）签证和工作类居留证件（加注"人才"）【办理指南】[EB/OL].（2023-09-01）[2024-10-30］. https：//gaj.gz.gov.cn/jmhd/zsk/crj/content/post_9196690.html.

[73] 促科技创新谋共同发展惠全球人才——第二十一届中国国际人才交流大会在深圳成功举办[J].国际人才交流,2023,（06）：44-46.

[74] 冯薇.国际人才引进中的社会融入管理问题研究[J].长春师范大学学报,2021,40（01）：32-36.

[75] 新华社.中共中央 国务院印发《全面深化前海深港现代服务业合作区改革开放方案》[EB/OL].（2021-09-06）[2024-10-30］. https：//www.gov.cn/zhengce/2021/09/06/content_5635728.htm.

[76] 上海科技.在全球科技和产业竞争中打造源头创新支撑——上海张江科学城建设科创中心核心承载区的实践探索[EB/OL].(2024-06-19)[2024-10-30］. https：//stcsm.sh.gov.cn/xwzx/mtjj/20240619/bff3b79ac3f74d168d3a39eb95bf834e.html.

[77] 大湾区科学论坛.2024年大会主题介绍[EB/OL].（2024-10-11）[2024-10-30］. https：//www.gsf.org.cn/kfkxylct/.

[78] 薛琪薪,吴瑞君.长三角人才集聚与流动的现状特征与人才协同政策建构[J].上海城市管理,2020,29（03）：44-51.

[79] 马冰清.国企薪酬体系下如何吸引高端技术人才[J].中国集体经济,2022,（27）：132-134.

[80] 北京日报.首届国际青年人才双百对接会,已有177个岗位全球征集人才[EB/OL].（2021-09-16）[2024-10-30］. https：//www.ncsti.gov.cn/kjdt/xwjj/202109/t20210916_41671.html.

[81] 国务院新闻办公室.国务院新闻办就便利外籍人员来华5项措施有关情况举行发布会[EB/OL].（2024-01-11）[2024-10-30］. https：//www.gov.cn/lianbo/fabu/202401/content_6925373.htm.

[82] 光明日报.完善人才自主培养机制 造就高水平创新型人才队伍[EB/OL].（2024-07-26）[2024-10-30］. http：//www.qstheory.cn/qshyjx/2024/07/26/c_1130185712.htm.

[83] 徐洁,张莉萍,苗颖.美国移民制度的思考[J].上海公安学院学报,2019,29（04）：90-96.

[84] 曹楠.美加技术移民制度比较研究及对我国的启示[D].北京：北京林业大学,2016.

[85] 半月谈. 海归潮中高精尖人才仍偏少, 中国"人才逆差"何时变为"人才顺差"? [EB/OL]. (2018-10-16) [2024-10-30]. http://www.ccg.org.cn/archives/36201.

[86] Melissa Katsoris.The US Citizenship Act of 2021: What's Inside and Who Could be Eligible for Immigration Relief [EB/OL]. (2021-03-11) [2024-10-30]. https://cmsny.org/citizenship-act-2021-explainer/.

[87] 美国对外关系委员会. 1952-2024: 美国战后移民政策变迁史 [EB/OL]. (2024-02-01) [2024-10-30]. https://news.qq.com/rain/a/20240201A083MI00.

[88] 陈庆, 杨颉. 美国STEM人才培养战略探析: 基于美国国家科学基金会两份五年战略规划的分析 [J]. 清华大学教育研究, 2024, 45(01): 71-78.

[89] 曹玲静, 张志强. 21世纪以来美国科技政策演变特点及启示 [J]. 中国科学院院刊, 2024, 39(02): 282-297.

[90] Lauren Monsen.What is the Fulbright Program? [EB/OL]. (2021-08-17) [2024-10-30]. https://archive-share.america.gov/what-is-fulbright-program/index.html.

[91] 中国组织人事报. 美国人才争夺战的"秘密武器": 重视引进人才 [EB/OL]. (2016-05-06) [2024-10-30]. https://news.12371.cn/2016/05/06/ARTI1462480281424396.shtml.

[92] 中国科学院国家数学与交叉科学中心. STEM: 美国人对数学的重视程度如何? [EB/OL]. (2015-11-27) [2024-10-30]. http://www.ncmis.cas.cn/kxcb/jclyzs/201511/t20151127_316539.html.

[93] House of Representatives Committee on Rules.H.R.6429 – STEM Jobs Act of 2012 [EB/OL]. (2012-11-28) [2024-10-30]. https://rules.house.gov/rules-resource/hr-6429-stem-jobs-act-2012.

[94] 观察者. 奥巴马宣布美国将立法允许上千万非法移民入籍 [EB/OL]. (2013-01-30) [2024-10-30]. https://www.guancha.cn/america/2013_01_30_123922.shtml.

[95] 范云峰, 林晓锋, 李秋秋, 等. 美国STEM领域人才政策动向及我国发展策略 [J]. 创新科技, 2022, 22(06): 80-84.

[96] 中国科学院科技战略咨询研究院. 美国众议院通过《2022年美国竞争法案》[EB/OL]. (2022-07-11) [2024-10-30]. http://www.casisd.cas.cn/zkcg/ydkb/kjzcyzxkb/2022/zczxkb202203/202207/t20220711_6474176.html.

[97] 魏华颖. 美国国家猎头制度对中国人才政策的借鉴意义 [J]. 人民论坛, 2012, (20): 138-139.

[98] 聂正楠, 张展豪, 陈琪. 美国科技体制沿革及其驱动因素 [J]. 和平与发展, 2024, (03): 31-54, 201-202.

[99] 黄宁燕, 张丽娟. 美国联邦机构技术转移管理和运行机制研究 [J]. 中国科技论坛, 2024, (08):

169-178.

[100] 朱烨烽,孟庆浩,郝梦洋.《保护美国知识产权法案》浅析[J].保密科学技术,2023,(11):60-63.

[101] Frank Swiaczny.Demografischer Wandel und Migration in Deutschland[EB/OL].(2015-01-01)[2024-10-30].https://link.springer.com/referenceworkentry/10.1007/978-3-658-08003-7_12-1.

[102] 任泽平.德国人口报告——人口危机、高福利与移民[EB/OL].(2022-01-06)[2024-10-30].https://finance.sina.com.cn/zl/china/2022-01-06/zl-ikyamrmz3415505.shtml.

[103] 苗月霞,冯凌.发达国家外国人管理体制管窥[J].国际人才交流,2011,(04):41-43.

[104] 密素敏.21世纪以来德国的技术移民政策与中国移民[J].华侨华人历史研究,2015,(01):45-55.

[105] 李卓亚.德国《专业人才移民法》及相关战略分析[J].全球科技经济瞭望,2021,36(11):9-13.

[106] Bundesamt für Migration und Flüchtlinge.Die blaue Karte EU[EB/OL].(2021-03-01)[2024-10-30].https://www.bamf.de/DE/Themen/MigrationAufenthalt/ZuwandererDrittstaaten/Migrathek/BlaueKarteEU/blauekarteeu-node.html.

[107] Federal Foreign Office.Apply online for the Opportunity Card[EB/OL].(2024-06-01)[2024-10-30].https://digital.diplo.de/chancenkarte

[108] 新华网.德国放宽非欧盟专业人才就业居留许可[EB/OL].(2023-11-17)[2024-10-30].http://www.news.cn/2023-11/17/c_1129980598.htm.

[109] 伍慧萍.当前德国职业教育改革维度及其发展现状[J].比较教育研究,2021,43(10):38-46,54.

[110] 法治日报.德国新版技术移民法案生效[EB/OL].(2024-03-04)[2024-10-30].http://epaper.legaldaily.com.cn/fzrb/content/20240304/Articel06005GN.htm.

[111] 姚远,翟志华,赵善庆.德国职业资格认证制度对我国的启示[J].成人教育,2021,41(05):87-93.

[112] 杨丽波,孙晓慧.德国技能形成体系的演进历程、行动路径、主要特点及启示[J].教育与职业,2024,(08):77-84.

[113] Anerkennung in Deutschland.Information on professional recognition[EB/OL].(2012-04-01)[2024-10-30].https://www.anerkennung-in-deutschland.de/html/en/index.php

[114] Bundesagentur für Arbeit.Living, studying, working in Germany[EB/OL].(2001-10-03)[2024-10-30].https://www.arbeitsagentur.de/en.

[115] 周衍冰.新加坡在国际人才竞争中的实践及启示[J].中国领导科学,2023,(04):122-128.

[116] Singapore Company Formation.新加坡工作许可证:一般信息[EB/OL].(2023-06-15)[2024-10-30].https://www.singaporecompanyformation.com.sg/zh-cn/

[117] Slasify.认识新加坡工作签证：EP、SP、WP，哪一种适合您的人才？[EB/OL]．（2023-06-28）[2024-10-30]．https://blog.slasify.com/zh-cn/singapore-work-visa-cn/.

[118] Singapore gateway.一文读懂新加坡永久居民PR[EB/OL]．（2024-07-10）[2024-10-30]．https://singaporegateway.com/2024/05/29/about-singapore-pr/.

[119] 狮城新闻．新加坡科技准证吸引世界科技人才！过去一年有180人获得科技准证[EB/OL]．（2022-03-03）[2024-10-30]．https://www.shicheng.news/v/oNnLv#new.

[120] 何绍清．新加坡人才战略实践对粤港澳大湾区人才发展的启示[J]．中共合肥市委党校学报，2020，（01）：26-30，35.

[121] 王子立，仲飞标．广州南沙自贸区国际人才引进与服务路径研究——以新加坡自贸区经验为借鉴[J]．广州社会主义学院学报，2022，（04）：106-112.

[122] 符聪，林虎，韵小娟．新加坡职业教育的特点分析及其经验启示[J]．高等职业教育（天津职业大学学报），2013，22（06）：17-20.

[123] 狮城新闻．新加坡公共租赁计划[EB/OL]．（2023-10-09）[2024-10-30]．https://www.shicheng.news/v/zzlaV#new.

[124] 狮城新闻．新加坡顶级专才准证ONE PASS正式开始接受申请[EB/OL]．（2023-01-25）[2024-10-30]．https://www.shicheng.news/v/8x9yG#new.

[125] 新加坡经济发展局．新加坡EP新政实施：COMPASS评估框架详解[EB/OL]．（2023-09-14）[2024-10-30]．https://www.edb.gov.sg/cn/insights/all-you-need-to-know-singapores-employment-pass-complementarity-assessment-framework-compass.html.

[126] 狮城新闻．新加坡怎样引进高端人才[EB/OL]．（2019-06-25）[2024-10-30]．https://www.shicheng.news/v/m3WaQ#new.

[127] 狮城新闻．新加坡如何管理和服务国际人才[EB/OL]．（2019-03-15）[2024-10-30]．https://www.shicheng.news/v/kR6km.

[128] ResumeWriter.SG. List of Headhunters in Singapore[EB/OL]．（2024-01-03）[2024-10-30]．https://www.resumewriter.sg/blog/list-of-headhunters-in-singapore/.

[129] 新加坡创业网．新加坡总部计划政策详解-新加坡国际/区域总部计划（HQ/FTC 计划）[EB/OL]．（2022-08-20）[2024-10-30]．https://www.sgstarting.com/archives/4371.

[130] Rajah & Tann Asia.新加坡全球商业投资者计划（Global Investor Programme）[EB/OL]．（2023-12-26）[2024-10-30]．https://www.lexology.com/library/detail.aspx?g=20b7f100-46b2-4d71-a6a1-2f2f9bdcfde4.

[131] 王雪妍, 伍毅敏, 徐勤政. 东京、新加坡吸引外籍人才政策经验和空间规划实践[J]. 北京规划建设, 2023, (01): 137-143.

[132] 林子淦. 贤能主义视野下的新加坡政府奖学金制度[J]. 中国人事科学, 2019, (06): 87-96.

[133] 杨苏苋. 新加坡税制改革对经济发展影响研究[D]. 南宁: 广西大学, 2018.

[134] 中关村科技园区管理委员会. 公安部推出支持北京创新发展20项出入境政策措施解读[EB/OL]. (2016-03-15)[2024-10-30]. https://www.beijing.gov.cn/zhengce/zcjd/201905/t20190523_77466.html.

[135] 北京市人民政府.《关于深化中关村人才管理改革构建具有国际竞争力的引才用才机制的若干措施》新闻发布会[EB/OL]. (2018-02-27)[2024-10-30]. https://www.beijing.gov.cn/shipin/szfxwfbh/16126.html.

[136] 张文琼. 建设国际人才汇集的高水平人才高地——中关村国际人才工作的实践分析[J]. 中国人事科学, 2023, (12): 29-35.

[137] 中关村科技园区管理委员会. 中关村科技园区管理委员会关于印发《关于进一步加强中关村海外人才创业园建设的意见》的通知[EB/OL]. (2021-01-06)[2024-10-30]. https://www.beijing.gov.cn/zhengce/gfxwj/202101/t20210118_2221673.html.

[138] 北京市规划和国土资源管理委员会. 北京城市总体规划（2016年—2035年）[EB/OL]. (2017-09-29)[2024-10-30]. https://www.beijing.gov.cn/gongkai/guihua/wngh/cqgh/201907/t20190701_100008.html.

[139] 北京市人民政府外事办公室. 北京全面展开首都国际人才社区建设，吸引更多国际人才来京创新创业[EB/OL]. (2020-09-27)[2024-10-30]. https://wb.beijing.gov.cn/home/ztzl/gjjwzxgnjx/fbhsl/202009/t20200930_2104045.html.

[140] 北京青年报. 三项新移民出入境政策首次在北京实施[EB/OL]. (2019-08-02)[2024-10-30]. https://www.gqb.gov.cn/news/2019/0802/46541.shtml.

[141] 北京晚报. 北京第一批试点外国人才签证制度 首张《外国高端人才确认函》发出[EB/OL]. (2018-01-20)[2024-10-30]. https://www.takefoto.cn/viewnews-1373853.html.

[142] 科学技术部政务服务平台. 国家外国专家局 人力资源社会保障部 外交部 公安部关于全面实施外国人来华工作许可制度的通知[EB/OL]. (2017-03-28)[2024-10-30]. https://fuwu.most.gov.cn/r/cms/zwpt/web/pdf/wgrlhzq/781499dc-89d1-4027-a052-f3a207d5bc9c.pdf.

[143] 北京市人民政府. 北京市人力资源和社会保障局关于发布《国家服务业扩大开放综合示范区和中国（北京）自由贸易试验区建设人力资源开发目录（2023年版）》的通告[EB/OL]. (2023-09-04)[2024-10-30]. https://www.beijing.gov.cn/zhengce/zhengcefagui/202309/t20230904_3247383.html.

[144] 北京市人民政府. 北京市人力资源和社会保障局 北京市人才工作局关于印发《北京市境外职业资格认可目录（3.0版）》的通知［EB/OL］.（2023-09-04）［2024-10-30］. https://www.beijing.gov.cn/zhengce/zhengcefagui/202311/t20231106_3295363.html.

[145] 北京日报. 推动国际国内会展专业人才交流 首个会展业职业证书国际互认项目落地北京［EB/OL］.（2024-07-16）［2024-10-30］. https://www.beijing.gov.cn/ywdt/gzdt/202407/t20240716_3750475.html.

[146] 新华社. 上海浦东设"海外人才局"颁出首张自贸区外籍人才"绿卡"［EB/OL］.（2017-06-16）［2024-10-31］. https://www.gov.cn/xinwen/2017-06/16/content_5203157.htm.

[147] 公安部. 公安部：出入境政策措施支持上海科技创新中心建设［EB/OL］.（2015-06-10）［2024-10-31］. https://www.gov.cn/xinwen/2015-06/10/content_2876595.htm..

[148] 人民日报. 支持上海科创中心建设10条出入境新措施实施［EB/OL］.（2016-12-11）［2024-10-31］. https://www.gov.cn/xinwen/2016-12/11/content_5146309.htm.

[149] 上海市公安局. 上海市公安局为7名外籍人士颁发居留证件 会签"上海出入境聚英计划"相关政策实施办法［EB/OL］.（2018-05-03）［2024-10-31］. https://gaj.sh.gov.cn/shga/wzXxfbGj/detail?pa=110ef360e4374a414fe3d65de4d5ec042d8cf14dba515c3da53be0b9e6092ce4.

[150] 中华人民共和国中央人民政府. 外专局 外交部 公安部关于印发《外国人才签证制度实施办法》的通知［EB/OL］.（2017-11-28）［2024-10-31］. https://www.gov.cn/gongbao/content/2018/content_5296556.htm.

[151] 上海市科学技术委员会. 关于外籍高校毕业生来沪工作办理工作许可有关事项的通知［EB/OL］.（2017-07-03）［2024-10-31］. https://stcsm.sh.gov.cn/wzj/wgzjfw/wglf/bszn/20200528/c36d43882d2244b79b07796ab995f3e2.html.

[152] 上海市人民政府. 上海市人民政府关于印发《鼓励留学人员来上海工作和创业的若干规定》的通知［EB/OL］.（2021-02-05）［2024-10-30］. https://www.shanghai.gov.cn/nw12344/20210205/3130a0e7906547a3b5e5602d3176be40.html.

[153] 上海市人力资源和社会保障局. 关于印发《上海市海外人才居住证管理办法实施细则》的通知［EB/OL］.（2015-07-31）［2024-10-31］. https://rsj.sh.gov.cn/tzrsxhfzdgfxwj_17338/20200617/t0035_1390297.html.

[154] 上海市人力资源和社会保障局. 关于印发《关于持有〈外国人永久居留证〉的海外高层次人才直接办理〈上海市海外人才居住证〉的实施办法》的通知［EB/OL］.（2016-08-24）［2024-10-31］. https://service.shanghai.gov.cn/XingZhengWenDangKuJyh/XZGFDetails.aspx?docid=REPORT_NDOC_002640.

[155] 上海科学研究院. 汪怿：离岸创新创业，靠什么让海外人才欣然而至[EB/OL]. (2016-09-29)[2024-10-31]. https：//www.sass.org.cn/2016/0929/c1201a28062/page.htm.

[156] 上观新闻. 离岸创新创业，靠什么让海外人才欣然而至[EB/OL]. (2016-09-27)[2024-10-30]. https：//www.jfdaily.com/staticsg/res/html/web/newsDetail.html?id=31900.

[157] 上海科技党建. 上海科技党建[EB/OL]. (2016-10-11)[2024-10-31]. https：//www.shkjdw.gov.cn/c/2016-10-11/505227.shtml.

[158] 上海市人民政府. 市政府印发关于加快推进中国（上海）自由贸易试验区和上海张江国家自主创新示范区联动发展实施方案的通知[EB/OL]. (2015-11-25)[2024-10-31]. https：//www.shanghai.gov.cn/nw32868/ 20200821/0001-32868_45612.html.

[159] 上海市浦东新区人力资源和社会保障局. 关于印发《中国（上海）自由贸易试验区外籍人才申请<外籍人才确认函>的实施细则（试行）》[EB/OL]. (2018-11-27)[2024-10-31]. https：//www.pudong.gov.cn/zwgk/zwgk_zfxxgkml_atc_tz/2022/287/90578.html.

[160] 上海市人力资源和社会保障局. 关于本市对境外职业资格证书清单项目持证人员提供便利保障服务及职称比照认定的通知[EB/OL]. (2023-09-20)[2024-10-31]. https：//m12333.cn/policy/mieay.html.

[161] 公安部. 公安部推出支持广东自贸区建设及创新驱动发展16项出入境政策措施[EB/OL]. (2016-07-18)[2024-10-31]. https：//www.gov.cn/xinwen/2016-07/18/content_5092496.htm.

[162] 国家移民管理局. 关于进一步调整优化若干出入境管理政策措施的公告[EB/OL]. (2023-05-11)[2024-10-31]. https：//www.gov.cn/zhengce/zhengceku/202305/content_6853167.htm.

[163] 广东省公安厅. 广东省自5月1日起正式实施外国人144小时过境免签政策[EB/OL]. (2019-04-30)[2024-10-31]. https：gdga.gd.gov.cn/xxgk/zcwj/content/post_2286857.html.

[164] 广东省科学技术厅. 关于印发广东省外国专家局外国人来华工作许可服务指南（暂行）的通知[EB/OL]. (2017-05-11)[2024-10-31]. https：//gdstc.gd.gov.cn/zwgk_n/tzgg/content/post_2687344.html.

[165] 广东省人民政府. 外国人来穗工作许可实现大湾区内地城市资质互认[EB/OL]. (2022-03-22)[2024-10-31]. https：//www.gd.gov.cn/zwgk/zdlyxxgkzl/xzsp/content/post_3887654.html.

[166] 广州市科学技术局. 广州市科学技术局印发关于进一步优化外国人来华工作许可办理的若干措施的通知[EB/OL]. (2022-03-16)[2024-10-31]. https：//www.cnbayarea.org.cn/policy/policy%20release/policies/content/post_878556.html.

[167] 广东省科学技术厅. 转发国家外国专家局关于印发《外国专家短期来华相关办理程序实施细则（试行）》的通知[EB/OL]. (2016-01-26)[2024-10-31]. https：//gdstc.gd.gov.cn/zwgk_n/tzgg/content/

post_2687323.html.

[168] 广东省人民政府.广东省人民政府印发关于进一步促进科技创新若干政策措施的通知［EB/OL］.（2019-01-07）［2024-10-31］.https：//www.gd.gov.cn/zwgk/wjk/qbwj/yf/content/post_1054700.html.

[169] 财政部、税务总局.关于粤港澳大湾区个人所得税优惠政策的通知［EB/OL］.（2019-10-15）［2024-10-31］.https：//www.gov.cn/zhengce/zhengceku/2019/10/15/content_5439853.htm.

[170] 南方日报.广州将实行外国人工作许可资质互认［EB/OL］.（2022-03-22）［2024-10-31］.https：//www.cnr.cn/gd/guangdongyaowen/20220322/t20220322_525772624.shtml.

[171] 广州市科学技术局.广州首推人才出入境便利措施 广州市科技局与白云边检站签署战略合作协议［EB/OL］.（2024-07-17）［2024-10-31］.https：//kjj.gz.gov.cn/xxgk/zwdt/gzdt/content/post_9762214.html.

[172] 广州市人力资源和社会保障局.《广州市境外职业资格便利执业认可清单》政策解读［EB/OL］.（2023-01-20）［2024-10-31］.https：//rsj.gz.gov.cn/ywzt/rcgz/gzzc/tzgg/tzgg/content/post_8775538.html.

[173] 中华人民共和国科学技术部.科技部办公厅 人力资源社会保障部办公厅关于在广州市开展外籍"高精尖缺"人才认定标准试点工作的通知［EB/OL］.（2022-12-30）［2024-10-31］.https：//www.most.gov.cn/xxgk/xinxifenlei/fdzdgknr/fgzc/gfxwj/gfxwj2022/202301/t20230106_184173.html.

[174] 深圳特区报.深圳出台《关于实施更加积极更加开放更加有效的人才政策 促进人才高质量发展的意见》［EB/OL］.（2023-11-01）［2024-10-31］.https：//www.sz.gov.cn/cn/xxgk/zfxxgj/zwdt/content/post_10925624.html.

[175] 深圳市财政局.《深圳市境外高端人才和紧缺人才2023纳税年度个人所得税财政补贴申报指南》［EB/OL］.（2024-05-31）［2024-10-31］.https：//szfb.sz.gov.cn/zwgk/zcfg/zcjd/content/post_11322649.html.

[176] 国务院.国务院关于印发《河套深港科技创新合作区深圳园区发展规划》的通知［EB/OL］.（2023-08-29）［2024-10-31］.https：//www.gov.cn/zhengce/content/202308/content_6900742.htm.

[177] 澎湃新闻.科技成果转化平台 深港共建中试基地［EB/OL］.（2024-06-13）［2024-10-31］.https://www.thepaper.cn/newsDetail_forward_27717256.

[178] 人民日报海外版.持续扩大深港合作"最大公约数"——河套深港科技创新合作区建设成果显著［EB/OL］.（2024-10-25）［2024-10-31］.http：//www.locpg.gov.cn/jsdt/2024/10/25/c_1212405947.htm.

[179] 河套深港科技创新合作区.涉及8大领域28项执业资格！境外专业人才河套执业便利新举措［EB/

OL］.（2024-07-05）［2024-10-31］. http：//www.locpg.gov.cn/jsdt/2024-07/05/c_1212378100.htm.

［180］深圳市科技创新委员会. 深圳市科技创新委员会关于印发《深圳市外籍"高精尖缺"人才认定标准（试行）》的通知［EB/OL］.（2021-04-02）［2024-10-31］. http：//www.locpg.gov.cn/jsdt/2024-07/05/c_1212378100.htm.

［181］詹贤武. 香港的人才政策及对海南的启示［J］. 新东方，2018，（05）：6-12.

［182］香港入境事务处. 优秀人才入境计划［EB/OL］.（2020-09-27）［2024-10-31］. https：//www.immd.gov.hk/hks/services/visas/quality_migrant_admission_scheme.html.

［183］香港入境事务处. 科技人才入境计划［EB/OL］.（2020-09-27）［2024-10-31］. https：//www.immd.gov.hk/hks/services/visas/TECHTAS.html.

［184］香港入境事务处. 高端人才通行证计划［EB/OL］.（2020-09-27）［2024-10-31］. https：//www.immd.gov.hk/hks/services/visas/TTPS.html.

［185］Ingstart. 香港税务体系详解：利得税、薪俸税、物业税及与内地税务差异！［EB/OL］.（2024-10-28）［2024-10-31］. https：//www.ingstart.com/blog/4764.html.

［186］朱嘉琳. 粤港澳大湾区税收竞争、财政补贴对科创人才流动的影响［D］. 贵阳：贵州财经大学，2023.

［187］广东省人民政府. 广东省科学技术厅关于继续开展外籍和港澳台高层次人才认定工作的通知［EB/OL］.（2022-06-05）［2024-10-31］. https：//www.gd.gov.cn/zwgk/gongbao/2022/15/content/post_3943375.html.

［188］广东省人民政府. 广东省人民政府关于印发广东省人才优粤卡实施办法的通知［EB/OL］.（2023-04-07）［2024-10-31］. https：//www.gd.gov.cn/xxts/content/post_4149824.html.

［189］广东省科学技术厅（广东省外国专家局）. 关于发布2023年广东省国际及港澳台人才交流专项的通知［EB/OL］.（2023-09-15）［2024-10-31］. https：//gdstc.gd.gov.cn/zwgk_n/tzgg/content/post_4254432.html.

［190］广东省人民政府. 粤印发深化人才发展体制机制改革实施意见［EB/OL］.（2017-03-27）［2024-10-31］. https：//www.gd.gov.cn/zwgk/zcjd/snzcsd/content/post_76542.html.

［191］广东省人民政府. 广东省人民政府关于十三届全国人大一次会议第7242号建议答复的函［EB/OL］.（2018-07-30）［2024-10-31］. https：//www.gd.gov.cn/gkmlpt/content/0/147/post_147061.html#8.

［192］广东省人力资源和社会保障厅. 关于印发《关于加快新时代博士和博士后人才创新发展的若干意见》的通知［EB/OL］.（2019-06-26）［2024-10-31］. https：//www.gd.gov.cn/zwgk/wjk/zcfgk/content/post_2523969.html.

[193] 广东省人力资源和社会保障厅. 广东省人力资源和社会保障厅关于省政协十二届三次会议第20200769号提案答复的函[EB/OL]. (2020-08-24)[2024-10-31]. https：//hrss.gd.gov.cn/zwgk/jytabl/tabl/content/post_3071284.html.

[194] 深圳特区报. 前海：全力打造粤港澳人才合作示范区. [EB/OL]. (2018-12-04)[2024-10-14]. https://qh.sz.gov.cn/sygnan/qhzx/dtzx/content/post_4552957.html.

[195] 袁伟康. 吉林省人才引进政策执行问题研究[D]. 长春：吉林大学，2024.

[196] 夏翱鸣. 上海自贸区保税区域科技创新人才政策执行研究[D]. 上海：华东师范大学，2023.

[197] 王庆歌，孔繁斌. 政策目标群体的身份建构逻辑——以户籍政策及其改革为例[J]. 公共管理与政策评论，2022，11（02）：35-49.

[198] 陈沁. 粤港澳大湾区构建中的养老保障政策协调研究[D]. 广州：广州大学，2019.

[199] 周英男，黄赛，宋晓曼. 中国绿色增长政策执行主体协同网络演化研究[J]. 科研管理，2021，42（8）：82-91.

[200] 花梦莎. 上海市外国人来华工作许可政策执行问题研究[D]. 上海：华东师范大学，2023.

[201] 高鹤鸣. 乡村人才振兴背景下G市农村实用人才政策执行问题研究[D]. 长春：吉林大学，2023.

[202] 丁鹏. 深圳市引进海外高层次人才政策执行问题研究[D]. 深圳：深圳大学，2020.

[203] 卞光瑜. 基于史密斯模型的扬州市高层次人才政策执行问题及对策研究[D]. 扬州：扬州大学，2023.

[204] 张骁虎. 20世纪以来美国社会治理中联邦政府角色的演变[D]. 长春：吉林大学，2017.

[205] 石磊. 科技人力资源现状与流动态势——美国视角引发的思考[J]. 今日科苑，2020，(07)：41-44.

[206] 陈庆，杨颉. 美国STEM人才培养战略探析[J]. 清华大学教育研究，2024，45(1)：71-78.

[207] 李鹏. 中美外国人永久居留制度比较及启示[D]. 北京：中国人民公安大学，2017.

[208] 邓子立. 德国科技人才开发和评价的国际经验与启示[J]. 中国人事科学，2020(8)：49-58.

[209] 李珍，赵青. 德国社会医疗保险治理体制机制的经验与启示[J]. 德国研究，2015，30（2）：86-99.

[210] 贾晗程，杨树. 加拿大德国积分移民制度比较研究[J]. 特区经济，2024，423（4）：124-127.

[211] 邓子立. 德国科技人才开发和评价的国际经验与启示[J]. 中国人事科学，2020(8)：49-58.

[212] 科学网. 深化科研体制 吸引顶级人才[EB/OL]. (2008-02-14)[2024-10-31]. https://news.sciencenet.cn/html/showxwnews1.aspx?id=201200.

[213] 中华人民共和国商务部. 德国"高科技战略2025"内容概要[EB/OL].（2019-01-18）[2024-10-31]. https://m.mofcom.gov.cn/article/i/dxfw/jlyd/201901/20190102828287.shtml.

[214] 新加坡新闻头条. 新加坡的中国新移民：认同困境与治理路径（III）[EB/OL].（2019-11-01）

［2024-10-31］. https：//toutiaosg.com/379379.

［215］任睿文，徐涵. 高等职业教育国际化策略：新加坡的经验与启示［J］. 成人教育，2022，43（2）：88-93.

［216］综合开发研究院. 新加坡如何留住国际人才［EB/OL］.（2023-07-25）［2024-10-31］. https：//www.thepaper.cn/newsDetail_forward_23977626.

［217］狮城新闻."新加坡公民之旅"将首次采纳公众意见.［EB/OL］.（2020-10-30）［2024-10-31］. https：//www.shicheng.news/v/QyJKn#new.

［218］Singapore Government Directory.MINISTRY OF CULTURE，COMMUNITY AND YOUTH RESILIENCE AND ENGAGEMENT DIVISION［EB/OL］.（2023-08-23）［2024-10-31］. https：//www.sgdi.gov.sg/ministries/mccy/departments/red

［219］林佩碧. 新加坡政府与民间组织以"三开"促新移民融入［J］. 华人世界，2009，(11)：104-105.

［220］Design Singapore Council.Designing A Loveable Singapore［EB/OL］.（2022-07-28）［2024-10-31］. https：//www.sgdi.gov.sg/ministries/mccy/departments/red.

［221］狮城新闻. 新加坡商业促进区带来活力［EB/OL］.（2020-10-22）［2024-10-31］. https：//www.shicheng.news/v/oqMjE#new

［222］北京市法规规章规范性文件数据库. 北京国际科技创新中心建设条例［EB/OL］.（2024-01-25）［2024-10-31］. https：//www.beijing.gov.cn/zhengce/dfxfg/202401/t20240126_3547046.html.

［223］北京日报. 北京教育领域开放改革三年行动公布 本市将新建11所国际学校［EB/OL］.（2019-11-29）［2024-10-31］. https：//www.beijing.gov.cn/zhengce/zcjd/201911/t20191129_712600.html.

［224］北京市经济技术开发区管理委员会. 海外人才科技交流会助力打造人才新高地［EB/OL］.（2023-11-10）［2024-10-31］. https：//www.beijing.gov.cn/ywdt/gzdt/202311/t20231110_3299228.html.

［225］上海市黄浦区司法局. 构建境外人员服务站，为涉外企业外籍员工提供"一站式""零距离"服务［EB/OL］.（2021-12-15）［2024-10-31］. https：//www.thepaper.cn/newsDetail_forward_15860596.

［226］上海长宁. 拿什么吸引"天下英才"？上海这个街道给出答案！［EB/OL］.（2021-08-11）［2024-10-31］. https：//sh.cctv.com/2021/08/11/ARTIe8XSHBNJMwYbyTuTc0RJ210811.shtml.

［227］人民日报海外版. 地方制度创新 又有一批样板［EB/OL］.（2018-12-04）［2024-10-31］. https：//www.gov.cn/xinwen/2018-12/04/content_5345546.htm.

［228］上海金融. 关于深化人才工作体制机制改革促进人才创新创业的实施意见（人才新政20条）［EB/OL］.（2016-05-09）［2024-10-31］. https：//jrj.sh.gov.cn/YWTBZCCX166/20160509/0031-147042.

html.

[229] 上海推进科技创新中心建设办公室.关于进一步深化人才发展体制机制改革加快推进具有全球影响力的科技创新中心建设的实施意见[EB/OL].(2020-12-29)[2024-10-31].https：//jrj.sh.gov.cn/ZCWJ215/20201229/148b9ecf45f74532a1a261e096292737.html.

[230] 上海市人民政府.上海市人民政府关于印发修订后的《鼓励留学人员来上海工作和创业的若干规定》的通知[EB/OL].(2016-03-28)[2024-10-31].https：//www.gov.cn/zhengce/2016/03/28/content_5058923.htm.

[231] 中国青年报.2023海交会在穗落幕，海外人才进驻"人才驿站"[EB/OL].(2023-12-26)[2024-10-31].https：//news.qq.com/rain/a/20231226A09NTY00.

[232] 南方日报.首批海外人才进驻"人才驿站"[EB/OL].(2023-12-23)[2024-10-31].https：//epaper.southcn.com/nfdaily/html/202312/23/content_10085446.html.

[233] 新华社.外国人才来华签证手续进一步简化 实现四个"最"[EB/OL].(2018-01-05)[2024-10-31].https：//www.gov.cn/xinwen/2018-01/05/content_5253690.htm.

[234] 深圳市人力资源和社会保障局.深圳市人力资源和社会保障局 深圳市财政局关于印发《深圳市新引进博士人才生活补贴工作实施办法》的通知[EB/OL].(2022-04-01)[2024-10-31].https：//hrss.sz.gov.cn/xxgk/zcfgjjd/zcfg/rcfw/content/post_9674544.html.

[235] 深圳特区报.深圳出台《关于实施更加积极更加开放更加有效的人才政策 促进人才高质量发展的意见》[EB/OL].(2023-11-01)[2024-10-31].https：//www.sz.gov.cn/cn/xxgk/zfxxgj/zwdt/content/post_10925624.html.

[236] 深圳特区报.深圳市知识产权协同保护平台启动 提供"一站式"知识产权服务[EB/OL].(2019-11-27)[2024-10-31].https：//www.gd.gov.cn/zwgk/zdlyxxgkzl/zscq/content/post_2705718.html.

[237] 观点新媒体.深圳：实施更积极开放有效人才政策 构建人才住房多元化保障体系[EB/OL].(2023-11-01)[2024-10-31].https：//news.qq.com/rain/a/20231101A01K0R00.

[238] 中华人民共和国香港特别行政区.行政长官2023年施政报告[EB/OL].(2023-10-01)[2024-10-31].https：//www.policyaddress.gov.hk/2023/sc/policy.html.

[239] 新华网.香港举办首届"香港·全球人才高峰会"吸引海内外人才[EB/OL].(2024-05-08)[2024-10-31].http：//hm.people.com.cn/GB/n1/2024/0508/c42272-40230981.html.

[240] 杨秋荣.粤港澳大湾区医疗协同发展方略[J].开放导报,2020(1):73-78.

[241] 中华人民共和国香港特别行政区教育局.香港的国际学校[EB/OL].(2024-06-07)[2024-10-31].

https://internationalschools.edb.gov.hk/sc/about/our-schools.html.

［242］广东省科学技术厅.广东省人力资源和社会保障厅关于在广州大学城设立外国专家服务点的公告［EB/OL］.（2016-06-20）［2024-10-31］.https：//gdstc.gd.gov.cn/zwgk_n/tzgg/content/post_2687332.html.

［243］中国新闻网.广东"外国专家来华工作许可"权限下放至市［EB/OL］.（2016-01-14）［2024-10-31］.https：//t.m.youth.cn/transfer/index/url/news.youth.cn/jsxw/201601/t20160114_7527562.htm.

［244］广东省医疗保障局.广东省医疗保障局关于省十三届人大三次会议第1137号代表建议会办意见的函［EB/OL］.（2020-04-20）［2024-10-31］.https：//hsa.gd.gov.cn/ygzwpt/jggk/content/post_2979191.html.

［245］广东省人民政府.深圳市人才安居办法［EB/OL］.（2023-04-07）［2024-10-31］.https：//www.gd.gov.cn/zwgk/wjk/zcfgk/content/post_2532294.html.

［246］东莞市人力资源和社会保障局.东莞市人力资源和社会保障局关于印发《东莞市特色人才认定评定暂行细则》的通知［EB/OL］.（2022-07-27）［2024-10-31］.https：//dghrss.dg.gov.cn/zcfg/zyjsrc/content/post_3847242.html.

［247］南方+.江门市（国际）人才"一站式"服务专区正式揭牌［EB/OL］.（2022-02-24）［2024-10-30］.https：//jmdj.jiangmen.cn/rcgz/202202/t449510.html.

［248］羊城派.以音乐致敬人才！第23届顺德高层次人才音乐会顺利举行［EB/OL］.（2023-09-20）［2024-10-30］.https：//news.qq.com/rain/a/20230920A094HG00#.

［249］佛山新闻网.与青年人才"双向奔赴"！顺德首次启动"全球顺德青年英才领袖"发展计划［EB/OL］.（2024-03-27）［2024-10-30］.https：//www.foshannews.net/h/175/20240327/698495.html.

［250］江门市科学技术局.江门市科学技术局关于举办2023年江门市外国人才"五邑行"活动的通知［EB/OL］.（2023-03-30）［2024-10-30］.https：//www.jiangmen.gov.cn/bmpd/jmskxjsj/zwdt/tzgg/content/post_2829955.html.

［251］深圳市前海管理局.前海合作区党工委 深圳市前海管理局印发《关于以全要素人才服务 加快前海人才集聚发展的若干措施》的通知［EB/OL］.（2019-12-06）［2024-10-30］.https：//com.gd.gov.cn/zggdzymysyq/zcfg/dfzc/content/post_4072699.html.

［252］佛山新闻网.人才可享19项专属服务！佛山"一站式"人才综合服务平台正式启动［EB/OL］.（2021-04-10）［2024-10-30］.https：//www.foshannews.net/h/3623/20210410/270256.html.